Pierre Franckh

Erfolgreich Wünschen 3.0

PIERRE FRANCKH

ERFOLGREICH WÜNSCHEN 3.0

KOHA

Wichtiger Hinweis

Die im Buch veröffentlichten Ratschläge wurden von Verfasser und Verlag sorgfältig erarbeitet und geprüft. Eine Garantie kann dennoch nicht übernommen werden. Ebenso ist die Haftung des Verfassers bzw. des Verlages und seiner Beauftragten für Personen-, Sach- und Vermögensschäden ausgeschlossen.

Koautorin: Michaela Merten
Lektorat: Maria Müller de Haën
Umschlag: Andrea Barth, Guter Punkt
© Design: Michaela Merten
Autorenfoto: Armin Brosch
Gesamtherstellung: Karin Schnellbach
Druck: CPI, Moravia
ISBN 978-3-86728-312-0

Inhalt

Was sich in der Zwischenzeit alles ereignet hat 9
Meine Geschichte 12
Auch Wünschen will gelernt sein 15

Regel 1 Fang einfach an *19*
Die Sache mit dem Verstand 20
Die Parkplatzreservierung 22
Auf Pflanzensuche 25
Michaelas Wunschfabrik 26
Was haben Gefühle mit Erfolg zu tun? 28

Regel 2 Richtig formulieren *35*
Das »Ich bin«-Prinzip 35
So tun als ob 36
Vorfreude ist die schönste Freude! 45
»Nicht« und »kein« – oder die Sache mit der Angst 54
Das Gehirn denkt in Bildern 55
Schreibe den Wunsch auf 58
Das Geschenkpaket ist angekommen ... 61
Klar, knapp und präzise formulieren 68
Unbeabsichtigt und doch erfolgreich gewünscht 70

Regel 3 Danken – der Turbo für Erfolgreich Wünschen *73*
Das Gute vermehren 73
In die Gegenwart ziehen 76
Den Glauben verstärken 77
Probleme einfach abgeben 79
Michaelas Wunschfabrik, Teil Zwei 83
Warum machen wir uns so gerne Sorgen? 87

Regel 4 Den Verstand überzeugen **93**
Ein bisschen Physik 94
Ein bisschen Biologie dazu 100
Glaubenssätze 105
Glaubensmuster erkennen 109
Können wir sogar unsere Gene ändern? 125
Unmögliches wird sofort erledigt 132
Die Kolumne 135
Nutze die Kraft der Gruppe 143

Regel 5 Vertrauen statt zweifeln **151**
Zweifel ist auch ein ganz klarer »Wunsch« 152
Der Wunsch nach dem idealen Haus 154
Wie meine Tochter mich eines Besseren belehrte 163
Verschwiegenheit 166
Die beste Zeit zum Wünschen 168
Schnelle Wunscherfüllung gefällig? 171

Regel 6 Offen sein für »Zufälle« **177**
Das Universum liefert auf überraschenden Wegen 177
Aber wie ist das mit fester Materie? 182
Intuition 184
Expresslieferungen 187

Regel 7 Die wahren, großen Wünsche herausfinden **195**
Welche Wünsche passen zu mir? 196
Der Wunsch nach Geld 197
Die erwünschte Partnerschaft 199
Wird das Leben glücklicher? 209

Übungsverzeichnis

Gefühle lassen sich ein- und ausschalten 31
Was erwarte ich? 41
Wie Gedanken den Körper beeinflussen 42
Ich erschaffe Glücksgefühle 50
Das Positive sehen 74
Dankbarkeit üben 90
Persönliche Glaubenssätze identifizieren 110
Glaubensmuster auflösen 117
Ich finde meine ganz persönlichen Leitsätze 120
Ich bin schön 129
Mein Körper ist schön 130
Vorfühlen 141
Ich beobachte und wandle meine Gedanken 149
Ich vertraue meinen Entscheidungen 160
Ich bin offen für Zufälle 183
Intuitionsübung 1 191
Intuitionsübung 2 192

Wünsche realisieren sich.
Jeden Tag, jede Minute, jede Sekunde.
Wir wünschen uns ständig etwas.
Bewusst oder unbewusst.
Ob wir daran glauben oder nicht.
Wir wünschen sogar,
wenn wir es gar nicht wollen.
Was wünschst du dir?
Was soll sich in deinem Leben realisieren?

Was sich in der Zwischenzeit alles ereignet hat

Als ich dieses Buch vor zwölf Jahren zu schreiben begann, hatte ich keine Vorstellung davon, was für einen Siegeszug es antreten würde! Ich hatte keine Ahnung, wie sehr es mein und auch Michaelas Leben verändern würde. Noch heute stehen wir beide oft mit staunenden Augen davor und sind glücklich und beseelt, wie dieses Büchlein das Leben von Hunderttausenden, sogar Millionen von Menschen zum Positiven verändert hat.

Seit dem Erscheinen der *Erfolgreich Wünschen* Bücher ist für unzählige Menschen auf der ganzen Welt das Leben erfüllter, beseelter, wundervoller und großartiger geworden. Unzählige Menschen haben seitdem den Sinn ihres Lebens entdeckt, ihr Leben erfolgreicher gestaltet, lang ersehnte Wünsche verwirklicht und selbst Unmögliches möglich werden lassen.

Und so danke ich voller Freude und Demut dem Schicksal, der höheren Führung, vielleicht auch einer göttlichen Ordnung, dass ich dabei mitwirken darf, die Welt für viele Menschen schöner zu gestalten. Es gibt kein größeres Geschenk. Und so habe auch ich den Sinn meines Lebens gefunden.

Täglich bekommen wir Hunderte von erfolgreichen Wunschgeschichten. Wir haben inzwischen Aktenordner über Aktenordner voll mit Geschichten, die berühren, zu Herzen gehen, zum Lachen bringen und vor allem eines beweisen:

**Wir können jeden Tag unser Leben ändern –
wenn wir unsere Gedanken ändern.**

Mittlerweile gibt es erfolgreiche Wünscher in Japan, Spanien, Italien, Frankreich, Holland, Tschechien, in der Slowakei, in der Türkei und sogar in Korea und Indonesien.

Wie sagte eine Seminarteilnehmerin so schön: »Wenn gar nichts mehr geht, wünschen geht immer!« Nach diesem Motto wurden inzwischen Firmen vor der Insolvenz gerettet, Wunschbabys geboren, Ehen gestiftet, verloren geglaubte Familienmitglieder wiedergefunden und auch viel Geld manifestiert.
Seit dem Erscheinen des Buches ist noch etwas Wundervolles passiert, und ich bin ebenso fasziniert wie auch glücklich darüber, dass nun auch die Wissenschaft nachgezogen hat und voller Stolz all die vielen Beweise erbringt, warum *Erfolgreich Wünschen* so gut funktioniert.
Unzählige Forschungsergebnisse zeigen, dass wir durch die mentale Kraft eine nicht geahnte Schöpferkraft besitzen. Die vielen, vielen Erkenntnisse, welche die Verhaltensforschung, die soziale Psychologie und vorrangig die Hirnforschung in den letzten Jahren gemacht haben, zeigen nun, dass sich unser Denken tatsächlich innerhalb kurzer Zeit manifestiert. Und zwar auf jeder Ebene.

All das, was so mancher bis heute wie ein kleines Wunder betrachtete, kann nun auch wissenschaftlich nachgewiesen und erklärt werden.

Es scheint keine Grenzen zu geben

Nun ist die Forschung inzwischen sogar so weit, dass sie nachweisen kann, dass wir durch unsere mentale Stärke sogar unsere eigene DNA beeinflussen können. Ebenso den Stoffwechsel und die Hormone im Gehirn.
Was früher als Placeboeffekt bekannt wurde, hat jetzt eine ganz neue Dimension – auf allen Ebenen unseres Lebens – angenommen.
Wir können tatsächlich durch *Erfolgreich Wünschen* einen giganti-

schen Sprung in der eigenen Persönlichkeitsentwicklung machen. Und wie wir noch sehen werden: Es ist mehr möglich, als wir jetzt vielleicht ahnen. Auch körperlich.

Das »EW-Prinzip« ist gesellschaftsfähig geworden

Erfolgreich Wünschen ist inzwischen sogar in der oberen Managementetage angekommen. Und so halten Michaela und ich inzwischen viele Vorträge und Workshops in der Wirtschaft ab.

Ganz offensichtlich ist das »EW-Prinzip« wie eine spielerische Brücke zwischen Wissenschaft und Psychologie und gilt nun auch in der Wirtschaft als eine praktische und vor allem erfolgreiche Methode.

In dieser erweiterten Ausgabe werde ich immer wieder auf diverse Studien eingehen, welche die Wissenschaft zu den jeweiligen Regeln untermauernd veröffentlicht hat.

Darüber hinaus wird es kleinere Übungen geben, denn in den letzten Jahren wurde ich immer wieder gebeten, doch auch praktische Übungsbeispiele zu nennen. Kleine kurze Anleitungen, damit man die Fertigkeiten im *Erfolgreich Wünschen* rascher entwickeln kann. Gerne komme ich in diesem Buch diesem Wunsch nach. Es sind Übungen, die ich selber immer wieder gerne mache und die uns helfen werden, *Erfolgreich Wünschen* rasch und effizient anzuwenden.

Herzlich willkommen also in unserer beliebten *Erfolgreich Wünschen* Welt!

Dabei spielt es keine Rolle ob du ein *Neueinsteiger* oder ein erfahrener »Wünscher« bist, ob du Topmanager oder Hausfrau, Student oder Professor bist – uns alle vereint die eine, einzige Sehnsucht:
Glücklich zu sein.

Nach 10 Jahren *Erfolgreich Wünschen* kann ich voller Freude sagen. Es ist möglich. Für jeden. Auch für dich.

Wie du ganz leicht und spielerisch das Glück in dein Leben holen kannst, zeigt dir dieses Buch.

Meine Geschichte

Mit sechs Jahren erfüllte sich mein erster Wunsch. Ich hatte einen Zettel an meinen Schutzengel geschrieben, und weil meine Mutter ihn nicht finden sollte, hatte ich ihn gut versteckt. Der Wunsch erfüllte sich trotzdem. Ich bekam genau das Fahrrad, das ich wollte. Sogar exakt in der gewünschten Farbe und mit der Klingel mit der Maus.

Als ich neun Jahre alt war, glaubte ich nicht mehr, ich wusste bereits, dass sich Wünsche erfüllen. Zumindest meine. Ich hatte inzwischen viele Wünsche auf Zettel geschrieben und erfüllt bekommen. Wunder waren für mich keine Frage des Glaubens, sondern eine Sache der Realität geworden.

Trotzdem wollte der kleine Junge das Ganze einem Test unterziehen. Sicher ist sicher. Aus diesem Grund musste ich etwas »Unmögliches« ausprobieren, etwas, was eigentlich gar nicht funktionieren konnte. Und so bestellte ich von den »Wesen dort oben«, dass ich in einem Kinofilm mitspielen wollte. Eine richtig gute Rolle sollte es sein, und mein Name musste auf den Titeln stehen. Auf den Wunschzettel schrieb ich damals, »…dass ich für jeden gut zu sehen sein sollte«. Und tatsächlich, noch im gleichen Jahr übernahm ich in dem Spielfilm »Lausbubengeschichten« den Gegenpart des Hauptdarstellers. Meine Eltern dachten an ein Wunder – ich an meine »Wunschfabrik«, die niemand außer mir ernst nahm.

Ich nahm sie sogar sehr ernst, denn leider war die Lieferung des Wunsches exakter eingetroffen als gedacht. Ich hatte nämlich einen kleinen verhängnisvollen Fehler gemacht. Ich hatte auf den Zettel

geschrieben, dass jeder mich in dem Film sehen sollte. Von hören war also nicht die Rede. Während der Dreharbeiten entschied der Regisseur, dass der Junge, den ich spielte, ein Preußenjunge sein sollte, mit Berliner Dialekt. Zu meinem Entsetzen wurde ich synchronisiert, das heißt, ich bekam in dem Film eine andere Stimme. Ich hatte also meine erste große Rolle im Kino, der Wunsch war in Erfüllung gegangen. Jeder konnte mich sehen, aber keiner konnte mich hören. Einen besseren und leider auch schmerzlicheren Beweis für ungenaues Wünschen konnte ich wohl kaum bekommen (deswegen habe ich ein ganzes Kapitel dem richtigen Formulieren gewidmet).
Für einige Zeit beschimpfte ich die »Wesen da oben«. Bis mir klar wurde, dass sie gar nichts dafürkonnten. Sie sprachen einfach nur eine andere Sprache als ich. Sie wussten nicht, was aus meiner Sicht gut oder schlecht war. Sie hatten keine Erfahrung, wie es hier auf der Welt zuging, sie führten einfach nur meine Anweisungen aus. Von da an gab es keinen Zweifel mehr für mich:

Wünsche gehen in Erfüllung.
Und zwar genau wie bestellt.

Als Kind wusste ich das. Als Kind hatte ich noch Kontakt zu meinen Wünschen und erwartete ganz einfach, dass sie so ausgeführt wurden, wie ich es mir vorstellte. Die kleine Wunschfabrik funktionierte damals jedenfalls.
Aber der kleine Junge von damals wurde größer und fühlte sich irgendwann erwachsen. Und so wurde aus dem kleinen Buben, der damals als Kind mehr Wissen besaß als später der Erwachsene, ein Skeptiker und »Realist«.
Auf dem Weg in die Pubertät hatte er irgendwann all den Erwachsenen mehr Glauben geschenkt als sich selbst. Sein Talent des »Wünschens« war immer mehr in Vergessenheit geraten. In seiner erwach-

senen Welt wollte er selber etwas leisten, wollte stolz auf sich sein, er glaubte an die eigene Kraft und empfand fremde Hilfe, besonders Hilfe »von oben«, als lächerlich und peinlich. Der kleine Junge hatte aufgehört, die Wunder in seinem Leben zuzulassen. Sein Leben wurde schwieriger, ernster, und er traf häufig auf unüberwindliche Hindernisse.

Ich begann zu kämpfen und mich immer öfter mit anderen zu vergleichen, wobei ich feststellte, dass ich anscheinend stets die schlechteren Karten besaß.

Dass die Welt ungerecht ist, war für mich inzwischen zur Gewissheit geworden: Warum sonst gelingt manchen alles und anderen nichts? Warum sonst haben manche immer so viel »Glück«, während bei anderen alles schiefläuft? Wieso geht es schließlich manchen so unglaublich gut und anderen überhaupt nicht?

Die Antwort auf diese Fragen und damit die Wende für mein Leben fand ich, als ich viele Jahre später über ein kleines weißes Büchlein mit dem Titel »Wunder« stolperte. Darin berichtet Stuart Wilde über genau die gleichen Erfahrungen, die ich als Kind gemacht hatte. Diese eigenartige Form des Wünschens nennt er »bestellen« – ein wundervoll treffender Ausdruck – und er behauptet, dass dies jederzeit, für jeden funktionieren würde.

Ich war tief berührt. Ich begann mich wieder an meine Zeit als Kind zu erinnern. Dort waren genau diese Wunder möglich gewesen, von denen Stuart Wilde sprach. Sie standen mir damals einfach zur Verfügung.

Aber warum sollte dies nur einer Kinderseele möglich sein? Warum nicht auch dem Erwachsenen?

Vielleicht war das Leben gar nicht so ungerecht? Vielleicht lag der einzige Unterschied zwischen den Erfolgreichen und den Erfolglosen nur darin, dass die Gewinner niemals an sich und ihren Wünschen zweifelten? Sie wussten ganz einfach, dass das, was sie sich wünschten, ihnen auch zustand. Es war für sie normal, dass ihre Vorstellungen in Erfüllung gingen. Ihre Gedanken realisierten sich, und zwar ständig. Was aber »dachten« sie so anders als andere?

Erfolgreiche Menschen zweifeln nicht und sind stets positiv auf ihre Ziele fokussiert.

Letztendlich gibt es immer nur einen Unterschied. Die einen wünschen bewusst und gezielt, die anderen unbewusst und unkoordiniert, ohne zu erkennen, dass sie genauso die Urheber ihrer Umstände sind. Durch dieses Buch von Stuart Wilde hat sich mein Leben vollkommen verändert. Seitdem habe ich in meinem Leben wieder unzählige solcher *erfolgreichen Wünsche* aufgegeben. Und es funktioniert! Man muss es nur tun – das Leben kann so einfach sein – und ein paar kleine Tricks und Kniffe lernen. Denn auch beim *Erfolgreich Wünschen* kann man so einiges falsch machen und kann so einiges schiefgehen.

Auch Wünschen will gelernt sein

Wünsche gehen in Erfüllung. Jeden Tag, jede Stunde, jede Minute. Auch unsere. Und zwar alle. Das bedeutet aber, auch unsere Zweifel erfüllen sich. Und unsere Gedanken über unsere eigene Minderwertigkeit. Denn dies sind genauso Wünsche, wenn auch unbeabsichtigte. Trotzdem werden sie ausgeführt.

Ich begann mich also ziemlich genau zu beobachten. Mich interessierten natürlich vor allem meine unbewussten Wünsche und wie ich die Kontrolle über sie erhalten konnte.

**Unsere Erwartungen werden oft nur enttäuscht,
weil wir erwarten, dass wir enttäuscht werden.**

Das Universum kann nämlich zwischen gut und schlecht nicht unterscheiden. Es liefert einfach. Dem Universum ist es egal, ob sich die Ausführung des Wunsches auf unser Leben positiv oder negativ auswirkt. Das Universum kennt kein gerecht oder ungerecht, kein gut oder böse, positiv oder negativ. Das Universum liefert einfach nur nach unseren Vorstellungen.

Das Universum? Was soll das denn sein?

Nun, die Vorstellung, das Universum sei so etwas wie ein gigantisch großes Versandhaus, ist zunächst sehr hilfreich, wenn es darum geht, unsere Wünsche wahr werden zu lassen. Genau genommen passiert auch etwas ganz Ähnliches mit unseren Wünschen. Sie werden bearbeitet und ausgeliefert.

Ich gehe später noch auf das tatsächliche physikalische Zusammenspiel zwischen dem Aussenden unserer Wünsche und dem Eintreffen in unserem Leben ein, also darauf, wie das mit der Energie und ihrer Manifestation auf der materiellen Ebene zusammenhängt.

Falls du aber schon jetzt gerne wissen möchtest, was sich hinter dem Begriff Universum verbirgt und was beim Wünschen aus wissenschaftlicher Sicht geschieht, dann lies das Kapitel »Den Verstand überzeugen«.

Im Moment aber hilft uns der Gedanke an ein universelles »Versandhaus« sehr gut dabei, wenn es darum geht, die richtige Art und Weise des Wünschens zu erlernen. Vor allem hilft er uns, spielerisch und leicht damit umzugehen. Dies ist deswegen von Vorteil, weil sich alles Spielerische und Leichte wesentlich schneller und rascher erfüllt.

Ebenso wichtig für das Leichte und Unbeschwerte ist es zu wissen, dass uns alles immer zur Verfügung steht und dass, *wenn wir etwas bekommen, es nicht jemand anderem fehlt* (das gilt natürlich nicht, wenn ich mir den Mann meiner Freundin wünsche).
Im Laufe der letzten – mittlerweile – 40 Jahre habe ich jedenfalls sehr viel darüber gelernt, wie das mit dem *Erfolgreich Wünschen* so funktioniert.
Aus diesen eigenen Erfahrungen und Fehlern und denen vieler anderer habe ich sieben Regeln herauskristallisiert, die uns dabei helfen, das Leben zu führen, das wir uns wünschen. Wenn wir es uns auf die *richtige* Weise wünschen, erfüllt sich alles in unserem Leben. Auch das Unmögliche. Auch das Unerreichbare. Das Faszinierende ist nämlich, dass es beim richtigen Wünschen keine Grenzen gibt. Ob Geld, Haus, Auto, Partner, Job oder Liebe, alles ist möglich.

Es gibt keine Grenzen.
Die Begrenzungen existieren nur im Kopf.

Dort erschaffen wir unsere tägliche Welt. Und weil wir Erwachsenen das nicht wissen oder nicht wissen wollen, sind wir mit unserer selbst geschaffenen Welt meistens sehr unzufrieden.
Doch wie beseitigt man nun diese Begrenzungen, wie wünscht man nun richtig? Wie schafft man es, seine Wünsche ganz klar und eindeutig zu äußern, ohne ständig der Lieferung seines Wunsches dazwischenzufunken oder sich gar Sachen zu wünschen, die man eigentlich gar nicht will? Und wie schafft man es, die Lieferung nicht zu verpassen? Und wie schafft man es, all das Furchtbare aus seinem Leben auszuklammern?
Das alles sind Fragen, die ich immer wieder in meinen Vorträgen gestellt bekomme. Letztendlich aber geht es immer nur um eine Frage: Wie schaffe ich es, all die Wunder in meinem Leben zuzulassen?

Wünsche realisieren sich.
Was soll sich in meinem Leben realisieren?

Je öfter ich inzwischen in meinen Vortragsabenden über *Erfolgreich Wünschen* berichtet habe, desto größer wurde das Interesse, mehr darüber zu erfahren. Selbst viele von denjenigen, die bereits von den verschiedensten Arten des Wünschens gehört und es eine Zeitlang sogar praktiziert hatten, haben irgendwann das Handtuch geworfen, weil es für sie nicht richtig funktionierte.

Ich war erstaunt. Das, was für mich und mein Leben inzwischen vollkommen normal war, war für andere überhaupt nicht selbstverständlich. Und je mehr ich erzählte, desto mehr Fragen entstanden. Auch bei mir. Auch ich fing an, meine Zuhörer zu fragen, wie sie denn wünschen würden. Dabei wurde mir immer klarer, warum es bei so vielen nicht funktionierte und wo die Fehler lagen.

Und so wurde ich immer öfter gebeten, endlich etwas über die Arbeitsweise von *Erfolgreich Wünschen* zu schreiben.

Vielen Dank also an alle, die mich immer wieder dazu gedrängt haben.

Ohne euch gäbe es dieses Buch nicht.

Ich erinnere mich noch an die Dame, die mitten in einem Vortrag vor 800 Menschen über die »Glücksregeln für die Liebe« den langen Mittelgang entlangkam, sich vor der Bühnenrampe aufbaute, mich nett anlächelte und zu mir hochrief: »Und da-rüber schreiben Sie jetzt ein Buch!«

»Warum?«, fragte ich verdutzt.

Sie stampfte mit dem Fuß auf und rief für alle Beteiligten deutlich zu hören:

»Weil ich es mir wünsche!«

Regel 1
Fang einfach an

Um *Erfolgreich Wünschen* zu lernen ist das Beste, was wir tun können, einfach einmal zu beginnen. Und zwar mit leichten Fingerübungen. Wir wollen doch schließlich ganz schnell die ersten Erfolge sehen.
Und wie kommt man am schnellsten zu den ersten Erfolgen?
Mit kleinen Wünschen.
Warum mit »kleinen«?
Bei ihnen kann man leichter spielerisch und unvoreingenommen an das Wünschen herangehen. Dinge, die einem weniger bedeuten, sind auch weniger mit Angst besetzt. Man kann sie sich vor dem geistigen Auge vorstellen und sie anschließend wieder vergessen, sie also loslassen und somit auf die energetische Reise schicken. Bei unwichtigen Dingen vertraut man eher darauf, dass der Wunsch erfüllt wird, weil einem nicht so viel daran liegt. Gerade das Vertrauen ist eines der wichtigsten Dinge, um erfolgreich zu wünschen. Vertrauen schafft den Glauben daran.

**Der Glaube an den Erfolg
schafft den Erfolg.**

Wichtig ist also nur der Glaube daran. Er ist die Urquelle, die den Wunsch beständig mit Energie speist. Es ist immer der Glaube, der Berge versetzt.

Die Sache mit dem Verstand

Der Verstand dagegen will logische Erklärungen und wird uns deshalb zu überzeugen versuchen, dass dies alles nicht funktionieren kann. Er weiß es noch nicht besser. Aber jede neue positive Erfahrung und jedes Erfolgserlebnis werden dazu beitragen, auch ihn schon bald davon zu überzeugen, dass wir die Fähigkeit haben, erfolgreich zu wünschen. Schließlich ist er enorm lernfähig. Doch er kann nur das wissen, was er erfahren hat und was er versteht. Alles andere will und kann er nicht wahrnehmen.

Deshalb ist der Verstand für Wunder nicht zuständig. Er versucht sogar regelrecht, alle möglichen Wunder zu verhindern. Was nicht in sein Weltbild passt, darf nicht sein.

Um eins klarzustellen: Die großen Wunder könnten genauso funktionieren, dem Universum ist es egal, wie groß oder klein unser Wunsch ist.

**Es ist immer nur unsere Vorstellung,
die etwas zulässt oder verhindert.**

Weil aber gerade unsere Vorstellung so gestrickt ist, dass wir nicht wirklich an die Erfüllung unserer Wünsche glauben, arbeiten wir unbewusst sehr stark gegen die Erfüllung von scheinbar *großen* Dingen.

Kleinere »Wunder« dagegen könnten unter gewissen zufälligen Umständen vielleicht ja mal doch passieren, nach dem Motto: »Ein blindes Huhn findet auch mal ein Korn.«

Aber nach dem ersten kleineren »Wunder« findet man vielleicht den Mut für ein weiteres kleines Wunder, das dann womöglich gar kein Wunder mehr ist, sondern vielleicht doch so etwas wie die erfolgreiche Lieferung unseres Wunsches. Das vierte und fünfte Wunder

wird immer mehr zur Bestätigung. Unser Verstand realisiert, dass es da anscheinend noch etwas gibt, was er nicht erklären kann. Er passt sich an und baut sich ein neues Konzept. Und plötzlich beginnt er, die neue Welt zu akzeptieren, denn *Erfolgreich Wünschen* ist etwas, was dem Verstand einleuchtet: Er sendet aus und empfängt. Mit der Zeit empfindet er sich ebenfalls als Schöpfer.
Und plötzlich glauben wir dem größten physikalischen Gesetz:

Energie folgt der Aufmerksamkeit.

Wenn dies wahr ist, sagt sich der Verstand, dann könnte man sich doch auch an die größeren Wünsche wagen. Natürlich. Zunächst jedoch ist es wichtig, unseren Verstand wirklich zu überzeugen. Und dies geht eben am einfachsten erst mal mit kleinen Wünschen. Das Einzige, was wir dabei beachten müssen, ist, dabeizubleiben. Unbeirrbar.
Wir beginnen deswegen mit einer kleinen Testphase. Was wir brauchen ist nämlich ein Erfolgserlebnis, damit unserem Verstand gezeigt wird: »Sieh her, es funktioniert.« Was wir brauchen ist etwas Handfestes, damit wir unsere eingefahrenen Überzeugungen – es funktioniert ja doch nicht – loslassen können.

Übung macht den Meister

Außerdem sind wir doch Anfänger in der Kunst des bewusst *Erfolgreich Wünschens*. Betrachten wir uns doch als Lehrlinge. Ein Goldschmiedelehrling zum Beispiel wird auch nicht als Erstes mit der Herstellung eines wertvollen Brillantkolliers betraut. Er weiß, dass dies sein Ziel ist. Am Ende seiner Gesellenzeit kann er auch mit den wertvollen Materialien umgehen, bei denen es wirklich darauf ankommt.

Das ist auch unser Ziel; wir wollen, dass uns das Wünschen bei großen wie bei kleinen Dingen leicht von der Hand geht und wir das gewünschte Ergebnis erhalten. Deswegen üben wir lieber erst einmal an den kleinen Wünschen und sammeln hier unsere Erfahrungen. Und Erfahrungen sammeln heißt auch: Fehler machen und daraus lernen. So wie es mir bei dem Wunsch nach der Kinorolle ergangen ist. Üben wir also an den Dingen, bei denen wir auch rasch einen Erfolg sehen.

Die Parkplatzreservierung

Wie wäre es zum Beispiel mit dem berühmten Parkplatz, den es nie gibt, weil ihn immer andere vor uns wegschnappen? Dies hätte zwei Vorteile.

Vorteil Eins

Parkplätze sind die leichteste Übung, weil sie in ihrem spielerischen Charakter nicht so gefährlich und ernsthaft für uns und unseren bisherigen Glauben sind. Wenn wir uns durch *Erfolgreich Wünschen* einen Parkplatz beschaffen könnten, würde das unser Denksystem noch nicht ins Wanken bringen. Das ist deswegen so wichtig, weil unser Verstand sonst größte Gefahr für sich als »Chefdenker« wittern würde und dagegen arbeiten könnte.
Aber ein Parkplatz ist eher ein Spaß, ein Spiel. Falls es damit wirklich klappen sollte, beweist das noch gar nichts.

Vorteil Zwei

Ein Parkplatz ist auch nicht wirklich wichtig genug, dass wir glauben könnten: »Es steht uns nicht zu.« Bei größeren Dingen ist das schon ganz anders. Bei Dingen, die uns wirklich wichtig sind, zweifeln wir viel eher und glauben wesentlich schneller, sie würden nicht eintreten, weil, wie wir insgeheim überzeugt sind, uns so etwas Wundervolles nicht zusteht. »Dafür bin ich nicht schön, klug, reich oder intelligent genug.«

Aber einen Parkplatz zu beschaffen hat einen spielerischen, nicht wirklich ernst zu nehmenden Charakter. Und genau das wollen wir uns zunutze machen.

Wie geht das nun?

Meine Parkplatzbestellung

Beim Verlassen des Hauses sende ich einen kurzen »Befehl« aus – eine Affirmation oder einen positiven Glaubenssatz: »Ich habe meinen Parkplatz in der …-Straße.« Oder: »Vor dem ... Geschäft …«.

Wichtig ist: nicht belächeln, nicht zweifeln und *Erfolgreich Wünschen* nicht als Blödsinn abtun. Wir wollen doch einen Parkplatz, und es ist unsere Testphase. In einer Testphase kann man auch einmal ungewöhnliche Dinge tun.

»Ich habe in der …-Straße einen Parkplatz. Er ist jetzt bereits für mich bestimmt. Ich bekomme ihn, und zwar genau dann, wenn ich dort ankomme.«

Man sollte seinen Wunsch aber nicht zu knapp vor Eintreffen formulieren, denn auch das »Universum« braucht einen gewissen Vorlauf. Also am besten bereits beim Verlassen des Hauses den Wunsch aussprechen.

Und: Es funktioniert!!!

Heute wollen wir daran glauben. Heute testen wir unsere Gedankenkraft und sehen, wie einfach das Leben sein kann. Auf der Fahrt dorthin sollten wir nicht mehr daran denken als nötig ist. Am besten gar nicht. Denn wenn man noch keine Übung im *Erfolgreich Wünschen* hat, werden eher Selbstzweifel einsetzen als die Gewissheit, dass alles zum Besten für einen arbeitet.
Tatsache jedenfalls ist, wenn wir mit unserem Auto unser Ziel erreichen, wird das Wunder geschehen. Entweder ist genau dort, wo wir es brauchen, bereits ein Parkplatz frei, oder es fährt gerade jemand weg.
Seitdem Michaela und ich *Erfolgreich Wünschen*, haben wir kein Problem mehr mit der Parkplatzsuche. Seit Jahrzehnten nicht mehr! Wir geben die Bitte inzwischen sogar fast beiläufig ab, weil wir wissen, dass die Kommunikation steht und unser Wunsch ankommt.
Manchmal ist es sogar so, dass ich den Platz nicht sehe und »dort oben« nachfrage oder ein Zeichen bestelle. Auch das funktioniert. Entweder hupt einer oder jemand verhält sich so auffällig, dass mein Blick dorthin gelenkt wird.
Doch nicht immer läuft alles perfekt. Manchmal vergessen auch wir zu wünschen, und dann müssen wir beide immer sehr lachen, weil alles voll mit parkenden Autos ist. Dann frage ich Michaela immer: »Du hast wohl zu spät bestellt?« Ihre Antwort ist auch ewig gleich: »Ich dachte, du hättest schon längst einen geordert.«
In solchen Momenten wird uns der Unterschied zwischen *Erfolgreich Wünschen* und selber für alles kämpfen plötzlich wieder so klar.

Mit dem Universum zu arbeiten
ist wesentlich einfacher,
als sich alleine abzustrampeln.

Also, nutzen wir die Kraft, die uns allen immer zur Verfügung steht. Auch wenn es nur um etwas so Simples wie einen Parkplatz geht. Michaela und ich erleichtern uns das Alltagsleben mit diesen kleineren Wünschen schon so lange, dass es uns bereits vollkommen selbstverständlich vorkommt. Wir könnten allein mit diesen kleineren »Wundern« ein ganzes Buch füllen.

Auf Pflanzensuche

So wollten wir zum Beispiel vor ein paar Jahren für unser gemütliches Zuhause Pflanzen haben. Natürlich sollten sie groß sein. Am besten sollten sie bis zur Decke reichen. Wir gingen in Baumärkte und Pflanzengeschäfte und Baumschulen. Aber schnell wurde uns klar, dass das, was wir wollten, unseren finanziellen Rahmen sprengte. Große ausgewachsene Palmen und andere Pflanzen kosteten ein Vermögen. Ganz zu schweigen von schönen Töpfen.
Also blieb uns nur noch eines: Wünschen, Danken und Vertrauen.
Bereits eine Woche später läutete das Telefon. Ein Freund fragte uns, ob wir nicht Lust hätten, ihn zu begleiten. Eine größere Firma würde wegen Insolvenz ihre Möbel verkaufen. Büromöbel wollten wir eigentlich keine, aber unser Freund konnte unsere Hilfe ganz gut gebrauchen.
Als wir das Bürogebäude betraten, war uns alles klar. Riesige wunderschöne Pflanzenbottiche mit gewaltig groß gewachsenen Palmen lachten uns an. Und da keiner sie wollte, bekamen wir sie vom Insolvenzverwalter fast geschenkt. Wir mieteten einen LKW und fuhren sie noch am gleichen Tag nach Hause. Die Pflanzen waren wirklich so groß, dass wir zu Hause erst einmal Platz schaffen mussten.
Such dir einfach mehrere solcher kleinen Wünsche aus. Werde erfolgreich damit. Überzeuge dich und deinen Verstand und gewinne Ver-

trauen. Dann kannst du dich getrost auch mit den größeren Wünschen befassen.
Du solltest es nur tun! Auch wenn du dir anfangs vielleicht lächerlich vorkommen solltest. Übrigens findet nur dein Verstand dich vielleicht lächerlich. Dein Verstand ist eben für »Wunder« nicht zuständig.
Übrigens war Michaela, als ich sie traf, mit dem *Erfolgreich Wünschen* bereits selbst bestens vertraut. Seit Jahren tat sie nichts anderes. Auch sie hatte sich in ihrem Leben schon die scheinbar unerreichbarsten Dinge erfolgreich gewünscht. Und auch sie hat zunächst mit kleinen Dingen begonnen.
Aber lassen wir sie doch selber zu Wort kommen.

Michaelas Wunschfabrik

»Als Kind wünscht man sich natürlich so vieles. Man träumt in den Tag hinein und möchte am liebsten alles und bitteschön sofort haben. Alles was ich mir so wünschte, >erdachte< ich mir in meinen Tagträumen. Dabei stellte ich mir die Situation bildlich vor und fühlte mich dabei wie in einem Film. Aber es blieb erst einmal beim Träumen.

Der Test mit Wünschen

Da hatte ich eines Tages, nachdem ich im Radio gehört hatte, dass eine LP meiner Lieblingsgruppe >ABBA< verlost werden sollte, die Idee, meine bildliche Vorstellungskraft einmal auf die Probe zu stellen. Ich füllte brav die Postkarte mit dem Kennwort aus und schickte sie an BR 3. Die darauffolgenden Tage dachte ich ganz intensiv daran, dass der Briefträger klingeln und mir diese Schallplatte überreichen

würde. Dieses Bild blieb immer gleich und ich stellte es mir jeden Tag vor meinem geistigen Auge vor. Als es dann tatsächlich passierte und ich die ersehnte Schallplatte in den Händen hielt, die der Briefträger meiner Mutter überreichte, war ich erschrocken. Ich dachte mir, dass es ein Zufall gewesen sein müsste und ich doch bestimmt nicht so viel Macht hätte, dass ausgerechnet meine Postkarte aus dem Berg von Postkarten herausgezogen wurde.
Daraufhin beschloss ich, es noch einmal zu versuchen. Ich hörte so lange Radio, bis wieder ein Gewinnspiel kam. Diesmal wurde eine Platte verlost, die ich nicht besonders mochte, aber für meinen Versuch wollte ich es darauf ankommen lassen. Ich füllte also wieder eine Postkarte aus und steckte sie in den Briefkasten. Die darauffolgenden Tage wiederholte ich mein Bild mit dem Briefträger, bis er wieder klingelte und eine Platte in der Hand hielt!!! Das hat mich so geschockt, dass ich es jahrelang nicht mehr versuchen sollte. Ich war damals zehn Jahre alt und dieses Erlebnis hat mich so nachhaltig beeindruckt, dass ich dachte, etwas würde mit mir nicht stimmen.«

Um es gleich vorwegzunehmen: Einige Jahre später hat Michaela dann so richtig losgelegt. Sie hat sich Dinge gewünscht, die fast unmöglich erschienen.
Ein Essen mit einem Oscarpreisträger? Geht das überhaupt?
Die Aufnahme in die beste Schauspielschule Europas? Ist das nicht überzogen?
Eine Hauptrolle in einer Serie? Gibt es überhaupt Grenzen?
Die Hauptrolle in zwei Serien? Als völlig unbekannte Schauspielerin?
All das wird sie uns noch in diesem Buch erzählen. Zunächst wollen wir uns noch mit einem anderen Aspekt des Wünschens befassen, damit wir auch wirklich gleich zu Beginn erfolgreich sein können. Denn um ganz leicht und erfolgreich anzufangen, benötigen wir noch etwas Wesentliches: ein positives Grundgefühl.

Was haben Gefühle mit Erfolg zu tun?

Gleich nachdem das schwere Tennismatch beendet wurde, fragte der Reporter den neuen Weltmeister Novak Djokovic, was er fühlen würde. Auch als der Österreicher Felix Baumgartner aus 39 Kilometer Höhe aus einer kleinen Kapsel zurück zur Erde gesprungen war, war die erste Frage, die an ihn gerichtet wurde: »Wie fühlen Sie sich?« Die gleiche Frage wurde auch an den Formel-1-Fahrer Sebastian Vettel gerichtet, nachdem er zum vierten Mal in Folge Weltmeister geworden war.

Die Frage nach dem Gefühl scheint wohl das Allerwichtigste zu sein, gleichgültig ob wir einen Weltrekord aufgestellt oder eine Operation geschafft haben. Gleichgültig ob wir frisch verliebt sind, den ersten Urlaubstag erleben, eine Trennung verkraften müssen oder eine Gehaltserhöhung bekommen, immer ist es die Frage nach dem Gefühl. Diese Frage kommt nicht von ungefähr, denn ...

Das Gefühl ist nicht nur der Ausdruck einer Empfindung.
Das Gefühl entscheidet, ob wir erfolgreich sind oder nicht.

Unsere Gefühle entscheiden, ob wir Dinge verkraften und weitergehen, ob wir aufgeben oder das Leben erst recht anpacken. Unsere Gefühle entscheiden darüber, ob wir aufstehen oder schlafen gehen, ob wir eine Frau ansprechen, einen Tanzkurs besuchen oder uns zu Hause verkriechen.

Unsere Gefühle entscheiden darüber,
ob wir uns verändern oder nicht.

Wir fühlen uns als Verlierer oder als Gewinner. Wir fühlen uns stark oder schwach. Wir fühlen, dass wir es schaffen können, oder wir fühlen uns dem nicht gewachsen.
Gefühle sind also der Motor, der uns antreibt, Dinge zu tun oder zu unterlassen. Ohne die für uns nützlichen, positiven Gefühle tun wir gar nichts. Wir leben dann oftmals vor uns hin, ewig im gleichen Trott.

Wir benötigen motivierende Gefühle, um erfolgreich zu wünschen.

Gefühle lassen sich leicht beeinflussen und in die richtige Richtung lenken. Entweder von uns selbst oder aber, wenn wir die Macht über uns abgegeben haben, von allen möglichen anderen Einflüssen.
Dies ist sehr wesentlich zu wissen, denn wer auch immer unsere Gefühle beeinflussen kann, der kann auch über die meisten Dinge in unserem Leben bestimmen. Hier gilt es nun, die wirklich wesentlichste Frage herauszukristallisieren.
Der frischgebackene Weltmeister wird zwar gefragt, was er fühlt, nachdem er so erfolgreich ist, dabei ist doch die Frage, was er *vorher* gefühlt hat, um diese Leistung zu erreichen, viel wesentlicher. Welche Gefühle nutzte er, um so hart trainieren zu können und dranzubleiben? Welche Gefühle setzte er ein, damit er nicht aufgab, obwohl es zwischendurch gar nicht so gut aussah? Woher kamen die Gefühle, die die Wende einläuteten?
Mit Sicherheit hatte er solche Gefühle, die ihn motiviert haben, die ihm genügend Zuversicht und Hoffnung gegeben haben. Aber wie kam er zu solchen Gefühlen?
Fast alle erfolgreichen Menschen haben einen persönlichen Mental-Coach. Warum wohl?

Positive Gefühle entstehen nicht von alleine. Wir müssen also *etwas tun*, um positive Gefühle zu erschaffen. Aber es gibt auch eine gute Nachricht: *Wir können etwas dafür tun*, um die richtigen Gefühle zu erzeugen. Wir sind dazu in der Lage. Zu jedem Zeitpunkt.

Am meisten lassen sich unsere Gefühle durch unsere Grundhaltung beeinflussen.

Eine positive oder negative Grundhaltung ist nichts anderes als die Art, wie wir die Dinge um uns herum betrachten. Obwohl alles um uns herum gleichbleibt, verändert die Art unserer Sichtweise unsere Gefühle auf sehr intensive Weise.

Prof. Dr. Barbara L. Fredrickson (Professorin für Psychologie an der University of North Carolina) geht sogar noch einen Schritt weiter.

Eine positive Lebenseinstellung erweitert unser Bewusstsein.

Zu dieser Erkenntnis kam Dr. Fredrickson, nachdem sie über 20 Jahre mit Tausenden von Probanden zu diesem Thema geforscht hatte. »Unsere Gefühle sind abhängig von unseren Gedanken. Sie richten sich nach ihnen. Sie öffnen und schließen sich im Gleichklang mit unserem Bewusstsein.«[1]

Gedanken erschaffen Gefühle.

[1] Barbara L. Fredrickson: Die Macht der guten Gefühle: Wie eine positive Haltung Ihr Leben dauerhaft verändert

Der Ausgangspunkt sind also unsere Gedanken. Nun bleibt nur noch die Frage, was wir so im Allgemeinen denken und ob diese Gedanken auch die *positiven* Gefühle erzeugen.
Wenn du nicht weißt, was du so denkst, kannst du dich auch fragen, wie du dich so fühlst. Denn dann weißt du, was du so denkst.
Also: Was fühlst du? Führen deine Gefühle zu deinem inneren Wachstum?
Helfen sie dir, deinen Geist zu erweitern und Dinge zu tun, die sich auf lange Sicht auszahlen? Motivieren dich deine Gefühle? Lassen sie dich mutig voranschreiten?
Sind deine Gefühle stark genug, Rückschläge zu verkraften? Fühlst du dich für alle Herausforderungen gewappnet?

Wenn wir unsere Gefühle selbst beeinflussen können, können wir unser Leben selbst steuern.

Übung: Gefühle lassen sich ein- und ausschalten

Mit dieser kleinen Übung kannst du dir selbst zeigen, dass es in deiner Hand liegt, ob du positiv oder negativ empfindest.
Dabei genügt es bereits, wenn wir die richtigen Fragen an uns stellen. Ist das wirklich möglich? Nur durch die Beantwortung einer Frage verändern sich unsere Gefühle? Das sollten wir uns mal genauer anschauen.
Also: Können wir wirklich eine positive oder negative Weltsicht ein- oder ausschalten? Ganz nach unserem Belieben? Wenn es nach der University of North Carolina geht, dann ja. Es hängt ausschließlich davon ab, auf welche Weise wir die Dinge oder Ereignisse interpretieren.

Dann lass uns mal beginnen.

- **Wir schalten unser positives Weltbild ein.**
- Wo immer du dich jetzt gerade befindest, im Schlafzimmer, in deinem Bett, im Wohnzimmer, im Bad, oder in einer Kneipe – betrachte deine Umgebung und stelle dir dabei folgende Fragen:
    - Was gefällt mir hier so richtig gut?
    - Was mag ich an meiner jetzigen Situation?
    - Warum haben andere Menschen auch so viel davon, dass es mir gut geht? Inwiefern sind meine jetzigen Lebensumstände als glücklich zu bezeichnen?
    - Betrachte ausschließlich nur das Positive, also *das, was dir gefällt.*
- Was machen diese Gedanken mit dir?
- Wie fühlt es sich an, diesen Fragen nachzugehen? Mit Sicherheit fühlt es sich gut an. Spürst du, wie deine Gefühle schlagartig an positiver Kraft zunehmen?
- Genieße das Gefühl. Schätze es. Dieses Gefühl hast du dir eben selbst geschaffen. Aus dem Nichts heraus. Würdige es. Und würdige deine Macht, deine Gefühle beeinflussen zu können.

- **Wir schalten unser negatives Weltbild ein.**
- Um negative Gedanken entstehen zu lassen, müssen wir nicht einmal mehr bewusst denken. Sie stellen sich meist von selber ein. Wenn wir nichts denken, denken wir negativ.
- Aber um den Vorgang zu beschleunigen, genügen auch hier bereits ein paar Fragen an sich selbst:

    - Was stimmt hier nicht?
    - Was gefällt mir hier nicht?
    - Warum geht es mir so schlecht?
    - Was funktioniert in meinem Leben überhaupt nicht?
    - Gehe diesen Fragen ganz bewusst nach.
- Spürst du, wie deine positiven Gefühle schlagartig verschwunden sind? Du hast sie verschwinden lassen. Gehe ganz bewusst dieser Tatsache nach. Lass sie auf dich wirken. Und spüre den Unterschied.
- Nun kannst du selbst entscheiden, ob du die Übung mit diesen eher negativen Gefühlen beenden möchtest oder ob du dich selbst wieder in eine positive Stimmung bringst.

- **Zurück zu unserem positiven Weltbild. Einfach wieder einschalten.**
- Wenn du dich mental wieder aufbauen möchtest, dann wiederhole einfach den ersten Teil der Übung.
- Spüre die Kraft, die du über dich selbst hast.

Das positive Weltbild lässt sich ein- und ausschalten wie ein Lichtschalter.

Sind wir positiv gestimmt, öffnet sich sogar unser Wahrnehmungsfilter bis zu 30 Prozent. Das bedeutet, uns stehen bis zu 30 Prozent mehr an Lösungen zur Verfügung. Auf diese Weise können wir nicht nur unsere Gefühle, sondern auch unseren Erfolg beeinflussen.
Es ist wirklich sehr einfach, gute Gefühle zu erzeugen. Es ist immer nur die Art und Weise, wie wir Dinge interpretieren.
Wenn wir zu wünschen beginnen, sollten wir uns immer zuerst in eine positive Grundstimmung bringen.

Später werden wir noch ausführlich auf die Kraft unserer Gefühle eingehen. Jetzt ist es erst einmal wichtig, mit guten, motivierenden Gefühlen die ersten kleinen Wünsche anzugehen. Wir wollen ja so rasch wie möglich die ersten kleinen Erfolge feiern.

Regel 2
Richtig formulieren

Das »Ich bin«-Prinzip

Der größte Fehler, der beim Wünschen immer und immer wieder gemacht wird, ist der, dass bereits durch die Wortwahl eine völlig andere Botschaft ausgesandt wird als beabsichtigt. Obwohl man es so gut meint, kommt man seinem Ziel nicht näher. Im Gegenteil. Meist formuliert man seine Wünsche sogar so, dass man den unglücklichen Zustand, in dem man sich befindet, erst recht zementiert.

Wünscht man sich zum Beispiel viel Geld, ist es völlig falsch, den Befehlssatz »Ich will reich sein« zu formulieren. Was man dann bekommt, ist der Zustand von »Ich will reich sein.« Diesen Zustand kennen wir bereits. Es ist der Zustand von »etwas wollen« und »nicht haben«. Auf diese Weise verstärken wir also nur unseren Mangel.

**Schaffe nicht den Zustand von »etwas wollen«,
sondern von »etwas sein«.**

Die richtige Formulierung lautet daher: »Ich bin bereit für den Reichtum in meinem Leben.« Oder: »Ich bin reich und glücklich.« Oder: »Das Geld, das für mich bestimmt ist, gibt es bereits und es findet gerade den besten Weg, um in mein Leben zu treten.«
Unser Satz heißt: »Ich *bin* reich.« Und nicht: »Ich *will* reich werden.«

Wollen wir eine glückliche Partnerschaft, dürfen wir uns nicht wünschen: »Ich will den richtigen Partner in meinem Leben haben« oder »Ich möchte den richtigen Partner treffen.« Auf diese Weise bleibt alles beim Alten. Das Universum versteht, dass wir etwas wollen, und schickt uns den Zustand des *Wollens*. Das Universum kennt keinen Unterschied zwischen Gegenwart und Zukunft. Das, was wir denken und fühlen, wird geliefert. Das bedeutet für unsere Wunschformulierung:

**Wir wünschen immer in der Gegenwartsform,
nie in der Zukunftsform.**

»Ich will glücklich sein« bringt uns leider eben genau das: das Wollen. Wir werden es weiterhin wollen. Das Universum versteht es so, dass es unser Wunsch ist, etwas zu wollen. »Ich bin glücklich« bringt uns den Zustand, den wir uns im Grunde genommen wirklich wünschen.

»Ich bin offen und bereit, die Liebe zuzulassen« öffnet die Türe. Das Suchen hat ein Ende. »Ich weiß, dass der richtige Partner bereits vorhanden ist und jetzt in mein Leben tritt« bringt mir die gewünschte Person in mein Leben.

So tun als ob

Ein ausgezeichneter Trick, seinen Wünschen noch mehr Kraft zu verleihen, ist das So-tun-als-ob.
Wünschen wir uns einen Wohnzimmerschrank, so ist es das Beste, den alten Schrank bereits auszuräumen und ihn zu verschenken oder

abholen zu lassen. Wir gehen davon aus, dass der Wunsch bereits bearbeitet wird. Wir haben den Schrank bereits »gekauft«. Den Schrank gibt es also schon, und es ist nur noch eine Frage der Zeit, bis der neue Schrank in unserem Wohnzimmer steht.

Das, was wir wünschen,
haben wir bereits.

Auf diese Weise nimmt der Druck unseres Wunsches gewaltig zu. Egal ob es sich um einen Schrank, Geld oder unseren neuen Partner handelt.

Je mehr wir so tun, als wären wir bereits reich oder als hätten wir bereits die gewünschte Partnerschaft, desto schneller realisiert sich das Gewünschte, weil wir beständig unglaublich starke Energie aussenden. Wir ziehen das Ereignis regelrecht in unser Leben.

Das bedeutet nicht, dass wir, wenn wir reich sein wollen, bereits vorher schon kräftig Geld ausgeben und unser Konto überziehen sollten. Es bedeutet vielmehr, uns bereits reich zu *fühlen*. Reichtum ist bereits Bestandteil unseres Lebens.

Wir können unsere Wünsche bekräftigen,
indem wir so tun,
als hätten sie sich bereits erfüllt.

Warum ist dieser Zustand des So-tun-als-ob so wichtig?

Weil wir uns dadurch immer wieder mit dem Kommenden auf positive Weise beschäftigen und uns bereits erwartungsvoll darauf einstimmen. Also in die richtige Schwingung bringen.

Darüber hinaus lassen unsere Zweifel nach, wir verstärken unser Vertrauen und spüren rein emotional, wie schön dieser Zustand für uns sein wird. Gleichzeitig geben wir dem Verstand wenig Raum, nach

Gegenargumenten zu suchen. Immer wenn er uns überzeugen will, wie unmöglich unser Vorhaben eigentlich ist, besitzen wir bereits als Gegengewicht die Erfahrung der Freude und der Lebenskraft, die sich in unserem Leben durch das Kommende gerade manifestiert: »So fühlt es sich an, wenn es da ist.«
Emotionen sind immer stärker und intensiver als die Argumente des Verstandes.

Durch das »Vorfühlen«
werden wir in unserem Wunsch bestärkt.

Wir geraten nicht so leicht ins Wanken. Vor allem aber verwandeln wir unser Mangelbewusstsein in ein Wohlstandsbewusstsein. Das, was wir uns wünschen, besitzen wir, weil es uns von Natur aus zusteht. Wir kreieren nicht länger emotionale oder finanzielle Armut, sondern nehmen jedes Ereignis oder jede Begegnung als etwas wahr, was uns unserem Wunsch näherbringt.
Aus der Psychologie, vorrangig durch den Kommunikationswissenschaftler und Psychotherapeuten Paul Watzlawick, weiß man inzwischen, dass dieses So-tun-als-ob eine sogenannte »handlungsleitende Funktion« besitzt. Wir spüren, wie es sich anfühlt, spüren die Freude, den Stolz, das Glück etc. Wir bekommen bereits ein Gefühl für unsere Ziele. Wir werden dadurch sicherer und verhalten uns unbewusst anders. Und da alles um uns herum in Resonanz ist, verhalten sich andere uns gegenüber auch anders.
Das ist schlichtweg genial. Durch das So-tun-als-ob werden also die Mechanismen der selbsterfüllenden Prophezeiung geweckt. Gleichzeitig bauen wir ein vollständig anderes Resonanzfeld auf.
Und genau dadurch erhalten wir die gewünschten Resultate. Und das Beste daran: Andere Menschen brauchen überhaupt nichts davon zu wissen. Sie werden sich dennoch anders verhalten.

Die Sache mit der Erwartung

Es gibt noch einen wesentlichen Aspekt beim So-tun-als-ob: Wir verändern unsere Erwartungshaltung. Und dies hat wiederum einen großen Einfluss auf unsere Umwelt.
In meinem Buch »Das Gesetz der Resonanz« gehe ich ausführlicher darauf ein. Dort beschreibe ich auch einen Test, der von einem Verhaltensforschungsinstitut gemacht wurde:
»Einem Jungen wurden mathematische Aufgaben vorgelegt. Vor dem ersten Test teilte man dem beaufsichtigenden Mathematiklehrer mit, dass der zu prüfende Junge ein Mathematikgenie sei. Der Lehrer war gegenüber dem Jungen während des ganzen Testes innerlich sehr wohlwollend eingestellt. Der Junge zeigte eine sehr gute Leistung, und sein Gehirn, das an Elektroden angeschlossen war, arbeitete ausgesprochen gut.

Beim zweiten Test wurde der Mathematiklehrer ausgetauscht, der Junge blieb derselbe. Diesmal sagte man dem Mathematiklehrer, dass der Junge lernbehindert sei. Schon als der Junge durch die Tür trat, um sich zum Test hinzusetzen, maßen die Elektroden eine Blockade in seinem Gehirn. Allein durch dieses Vorurteil, das der Mathematiklehrer dem Jungen gegenüber hegte, entstand im Gehirn des Jungen eine messbare Blockade. Die Elektroden zeigten deutlich an, dass das Gehirn plötzlich nur noch reduziert arbeitete. Und natürlich schnitt der Junge bei diesem Mathematiktest nicht mehr so gut ab.«

Unsere Erwartungen beeinflussen unsere Umwelt.

Sehr eindrucksvoll wurde dies auch beim sogenannten Rosenthal-Effekt nachgewiesen.
Bei diesem Experiment bat man Probanden, den Lauf von Ratten durch einen Irrgarten zu beobachten. Der einen Hälfte der Studen-

ten wurde mitgeteilt, dass die Tiere auf Klugheit gezüchtet wurden und sehr rasch das Labyrinth durchlaufen würden. Dem anderen Teil der Probanden wurde gesagt, dass die Tiere nicht sehr klug seinen und sehr lange brauchen würden, um durch den Irrgarten zu kommen.

Obwohl es sich um den gleichen Stamm von Ratten handelte, geschah immer wieder das Gleiche: Je nachdem welche Erwartungen die Probanden hinsichtlich des Ergebnisses der bestimmten Testreihe hatten, wurde das Ergebnis durch diese Erwartungen deutlich beeinflusst.

Durch unsere Erwartungen können wir also sehr direkt auf unser Leben einwirken. Beim So-tun-als-ob untermauern wir sehr stark unsere Erwartungen.

- Beim So-tun-als-ob wandeln wir unsere Erwartungen ins Positive.
- Durch unsere positiven Erwartungen verändern wir unser eigenes Verhalten.
- Durch unser neues anderes Verhalten verändern wir das Verhalten anderer.
- Durch die Summe von Erwartungen und verändertem Verhalten aller Beteiligten verändern wir die gewünschten Ergebnisse in unsere erwartete Richtung.

Das So-tun-als-ob hilft dir also sehr leicht und spielerisch, die gewünschten Resultate zu erzielen.

Denn genau genommen tun wir viel öfter so-als-ob, auch wenn wir es nicht so nennen würden. Denn oftmals gehen wir in Gedanken sehr ausführlich nur unsere Ängste und Sorgen durch. Dann lassen wir einen entsprechenden inneren Film ablaufen. Wir tun auch hier so-als-ob. Wir bauen negative Erwartungen auf. Auf diese Weise erzielen wir ebensolche Resultate. Auch wenn die Ergebnisse uns dann nicht gefallen, so haben wir doch mental genau darauf hingearbeitet.

Übung: Was erwarte ich?

Mit dieser Übung kannst du sehr gezielt und rasch deine gewünschten Ergebnisse positiv beeinflussen.

- Gehe doch einmal in Gedanken die kommenden Tage und Wochen durch.
- Was erwartest du, was geschehen wird?
- Bist du positiv oder eher negativ gestimmt?
- Erwartest du einen positiven oder eher negativen Ausgang?
- Bedrückt dich etwas? Gibt es Befürchtungen?
- Stellst du vielleicht fest, dass immer wieder ganz unbewusst bestimmte Szenarien vor deinem geistigen Auge ablaufen?
- Notiere dir genau, wie diese Bilder aussehen. Mach dir bewusst, dass auch diese Bilder Erwartungen sind. Entscheide dich ganz bewusst, ihnen keine weitere Kraft zu schenken.
- Und nun fokussiere sehr exakt, welches Ergebnis du dir wünschst.
- Stelle es dir bildlich vor. Sieh, wie du bestimmte Dinge tust und wie andere positiv darauf reagieren. Höre auch die einzelnen Stimmen und höre dich auch selbst bestimmte Dinge sagen.
- Betrachte, wie wohlwollend sich das Ganze zu entwickeln beginnt.
- Tu dies, sooft du Lust dazu hast, und beobachte, wie dieses Bild mit jedem Tag reicher und bunter wird.

- Ergänze immer mehr kleine Details und spüre, wie es sich anfühlt. Fühle die Kraft, die Freude, die Euphorie, das Glück und die Entspannung.

Das Vorfühlen und das So-tun-als-ob sind zwei sehr wichtige Tools, um künftige Dinge in eine gewünschte Richtung zu bringen.
Denke immer daran, dass Erwartungen erfüllt werden. Den Erwartungen ist es egal, ob sie für dich hilfreich sind oder eher bremsend. Sie tun das, was von ihnen *erwartet* wird. Sie erfüllen sich.

Ich persönlich mache diese kleine Übung immer wieder. Ich kläre auf diese Weise auch meine unbewussten Erwartungen und kann mich ganz gezielt auf die zu erwartenden Resultate fokussieren.
Es gibt noch eine sehr wesentliche Komponente, die das So-tun-als-ob so kraftvoll macht.

Das Gehirn kann nicht zwischen Realität und Fantasie unterscheiden.

Diese Aussage mag uns zunächst überraschen. Aber sie lässt sich sehr leicht nachprüfen.
Die folgende kleine mentale Übung zeigt sehr eindrucksvoll, wie real sich Gedanken anfühlen können und wie intensiv unser Gehirn darauf reagiert.

Übung: Wie Gedanken den Körper beeinflussen

- Atme tief ein und aus und beruhige deinen Atem.
- Und nun stell dir Folgendes bildlich vor: Vor dir liegt eine frische, saftige Zitrone. Sie liegt direkt vor dir auf einem kleinen Teller.

- Stell dir vor, wie du sie in deine Hand nimmst und an ihr riechst. Sie duftet großartig, du kannst das Säuerliche durch die Schale hindurch riechen.
- Nun nimmst du in Gedanken ein Messer und schneidest die Zitrone in der Mitte durch. Der Saft der Zitrone quillt heraus.
- Und nun nimmst du eine Hälfte und beißt in Gedanken hinein.

Hast du dir das bildlich vorgestellt? Hast du bemerkt, wie dein Mund vermehrt Speichelfluss produziert hat? Hast du gemerkt, wie sich dein Gesicht beim alleinigen Gedanken, in die Zitrone hineinzubeißen, verzogen hat? Deine Vorstellungskraft, auch *Visualisieren* genannt, hat deinen Körper dazu veranlasst, heftig zu reagieren. Diese Zitrone hast du nur in deiner Fantasie entstehen lassen! Du hast dir das alles *nur eingebildet* – und dennoch fühlte es sich ganz real an.

- Deine Gedanken und deine Vorstellungskraft haben deinem Körper Signale gegeben, sofort zu reagieren.
- Du hast am eigenen Körper gespürt, dass dein Gehirn zwischen Fantasie und Realität nicht unterscheiden kann – denn du hast so reagiert, als ob die Zitrone wirklich vor dir gewesen wäre.
- Jeder Gedanke hat einen Einfluss auf dich und deinen Körper – ganz gleich, ob dieser Gedanke positiv oder negativ ist.

Diese Fähigkeit des Gehirns nutzen alle Mentaltrainer vom Sportbereich bis zum Managementbereich, ebenso wie Piloten, Hochleistungssportler und Manager – und natürlich auch Schauspieler, Sän-

ger und noch viele andere Berufssparten – um optimale Ergebnisse zu erzielen.
In meinem Buch »Der 6-Minuten-Coach: Erfinde dich neu« erzähle ich die Geschichte des Hundertmeterläufers, der für eine Studie an diversen Messgeräten angeschlossen war und der seinen Hundert-Meter-Lauf nur in Gedanken nachvollziehen sollte.
Während seines mentalen Laufes schüttete sein Körper genau die gleichen Hormone aus und reagierte genauso auf die einzelnen Stadien des Laufes, als ob er im *richtigen Leben* gelaufen wäre.
Unsere Vorstellungskraft, unsere gezielt geführten Tagträume, jegliches Visualisieren, auch unsere Vorfreude sind für unser Gehirn sehr real.
Und da unser Gehirn alle Informationen, die wir ihm geben, *abarbeitet*, und zwar wie ein Computer – ohne sie nach Moral oder Nutzen zu bewerten – ist es sehr wesentlich, sich darüber bewusst zu werden, was wir den ganzen Tag so *programmieren.*
Wenn wir also zum Beispiel hauptsächlich ängstliche Gedanken haben – ohne wirklich in Gefahr zu sein – schüttet unser Gehirn Angsthormone aus. Auch hier ist es *nur* ein Gedanke – und dennoch hat es so eine Wirkung.
Lächeln wir dagegen viel und bauen positive Bilder auf, werden Glückshormone freigesetzt. Wir fühlen uns wohl und beseelt. Auch hier sind es nur Gedanken, und dennoch haben sie so eine unglaubliche Wirkung.

Dein Gehirn kann zwischen Fantasie und Realität nicht unterscheiden – aber DU kannst es!

Wenn wir unsere Gedanken einfach unkontrolliert laufen lassen, sind wir vielleicht oftmals nur Beifahrer in unserem eigenen Leben.
Wenn wir dagegen gezielt so-tun-als-ob, dann mobilisieren wir unge-

ahnte Kräfte, die in uns schlummern und nur darauf warten, geweckt zu werden. Dann gehen wir gezielt in den Zustand von Freude. Genauer gesagt von Vorfreude.
Und da die Vorfreude ein wesentlicher Bestandteil von *Erfolgreich Wünschen* ist, wollen wir uns einmal genauer ansehen, was alles in unserem Körper passiert, wenn wir in dieses wunderbare Gefühl von Vorfreude gehen.

Wenn du das nachfolgende Kapitel liest, denke dabei immer daran: All das kann nur in unserem Körper entstehen, weil wir unsere Gedanken in eine bestimmte Richtung lenken.

Vorfreude ist die schönste Freude!

Jeder von uns kennt sicherlich dieses herrliche Gefühl. Kein Wunder also, dass auch die Wissenschaft begonnen hat, sich näher dafür zu interessieren.
Vom Standpunkt der Neurologie gesehen sind Gefühle des Glücks nichts anderes als elektrische Impulse. Mittels Neurotransmittern schickt das limbische System Reize von Nervenzelle zu Nervenzelle. Auf welche Weise wir dann Glücksgefühle empfinden, ist individuell vollkommen unterschiedlich. Der eine bricht in Tränen aus vor Glück, der andere wird von Hitzewellen überflutet, wieder jemand anders bekommt eine Gänsehaut, und der Nächste wird rot im Gesicht. Unser individueller *Glückscocktail* setzt sich aus sehr vielen unterschiedlichen Neurotransmittern und Hormonen zusammen.
Und da das Gehirn zwischen Realität und Fantasie nicht unterscheiden kann, werden wir bereits in der Vorfreude mit solchen Glückshormonen regelrecht überschüttet.

Hier eine kleine Auswahl dazu. Und denke beim Lesen immer daran, dass wir uns diese Hormone selbst holen können.

Dopamin

Dieser Botenstoff ist hauptsächlich für unsere Vorfreude verantwortlich. Er bringt uns dazu, Dinge zu tun, die uns glücklich machen. Er lässt uns die Energie aufbringen, Pläne zu schmieden, die uns motivieren. In Verbindung mit Noradrenalin wirkt Dopamin wie eine verführerische Schönheit, bei deren Anblick erwartungsvolle Freude entsteht. Wir sind aufmerksam, interessiert, neugierig, motiviert und voller Tatendrang. Wir richten unsere Aufmerksamkeit wie ein verliebtes Wesen auf das Vergnügen und die Annehmlichkeiten. Wir bündeln unsere Energie und drängen so lange vorwärts, bis wir unser Ziel erreicht haben.

Die Abwesenheit von Dopamin hat leider auch Konsequenzen: Wenn wir zu wenig davon in unseren Synapsen haben, machen wir keinen Finger krumm. Wir haben *null Bock*, keine Lust auf gar nichts, sind antriebslos und haben kein Interesse. Wir empfinden auch keine Freude mehr.

Dopamin ist auch der Botenstoff, der in unserem Gehirn für das Belohnungszentrum zuständig ist. Chronisch schlechte Stimmung und sogar mittelschwere Depressionen gehen mit einem niedrigen Dopaminspiegel einher.

Endorphine

Diese Glückshormone sind wohl die bekanntesten, denn sie werden immer im Zusammenhang mit Lachen und Lächeln, aber auch mit sportlichen Aktivitäten genannt. Sie gelten als natürliches »Opium«. Wir sind berauscht vor Glück und könnten die ganze Welt umarmen. Sie werden auch in Ausnahmesituationen ausgeschüttet, wie zum Beispiel bei starker körperlicher Anstrengung. Hochleistungssportler kennen dieses Gefühl, wenn sie an ihre körperlichen Grenzen stoßen – sie werden fast »süchtig« danach.

GABA

Dieser Neurotransmitter ist dafür da, unsere Aufgeregtheit zu beruhigen und auch in der Entspannung glücklich zu sein. Wer zu wenig GABA hat, kann nicht »abschalten« und sich entspannen.

Noradrenalin

Ein »bisschen« davon wirkt anregend, ein bisschen mehr wirkt dann schon aufregend. Noradrenalin ist mit einer Tasse Kaffee vergleichbar.

Oxitocin

Oxitocin ist als »Bindungshormon« bekannt. Es ist gleichzeitig auch ein Neurotransmitter. Oxitocin ist zuständig für den Gebärprozess, das Verhalten zwischen Mutter und Kind, für soziale Interaktionen im Allgemeinen. Es ist das vertrauensbildende Hormon für zwischenmenschliche Beziehungen, Sex und für partnerschaftliche Treue. Es wird beim Berühren der Haut, beim Streicheln, beim Sex und bei Umarmungen ausgeschüttet. Deswegen wird es auch das »Kuschelhormon« genannt.

Serotonin

Dieses Hormon ist dafür zuständig, dass sich unsere Psyche stabilisiert. Die meisten Menschen in unseren Breitengraden haben zu wenig davon. Unsere Nervenzellen können diesen Botenstoff selbst produzieren; dafür brauchen wir den Eiweißbaustein Tryptophan, der z.B. auch in Nudeln, Kartoffeln, Bananen und Hüttenkäse vorkommt. Und wir brauchen natürlich Licht! Wenn wir zu wenig Licht bekommen, dann werden wir leichter deprimiert und die Stimmung

ist gedrückt. Zweifel, Frustration und Hilflosigkeit können sich dann besser ausbreiten.
Serotonin ist unser Stimmungsaufheller, schenkt uns Zufriedenheit und Gelassenheit und beschwichtigt eine ganze Reihe von anderen Gefühlen wie Aggression, Hunger, Sorgen, Ängste, Zweifel und Depression. Es ist sozusagen unser »Wellness-Hormon« für schöne Gefühle. Es ist lebensnotwendig.
Ein Serotoninmangel wurde bei Menschen mit behandlungsbedürftiger Schüchternheit, Sozialphobien, Migräne, Selbstmordgedanken und mittelschwerer bis schwerer Depression nachgewiesen. Serotonin gibt uns das Signal, dass wir gesättigt sind und uns zufrieden und gelassen zurücklehnen können.

Diese kleine Aufstellung der wichtigsten Glückshormone zeigt ganz deutlich, wie sehr wir von der Kommunikation dieser Botenstoffe untereinander abhängig sind. Alle unsere Emotionen, jede Stimmungsveränderung, alles was wir denken, jede Bewegung die wir tun, alles was wir lernen und jede Entscheidung, die wir treffen, hat mit ihnen zu tun.
Und jetzt die gute Nachricht:

Nicht nur sie steuern uns –
sondern wir steuern sie!

Jeder Gedanke, jede Idee, jeder Impuls, jede Handlung, jede Entscheidung und (besonders wichtig) jedes Selbstgespräch – aber auch alles, was wir anderen erzählen – steuert die Zusammensetzung dieser Hormone!
Wir können uns in jede gewünschte Stimmung bringen und uns auf diese Weise mit all den gewünschten Hormonen versorgen lassen.
Wir können in Selbstmitleid verfallen, uns Selbstvorwürfe und

Beschimpfungen entgegenschleudern – oder wir können uns selbst loben, Dankbarkeit empfinden und Selbstliebe und Selbstachtsamkeit entwickeln.

Jede mentale Entscheidung ist pure Alchemie für unseren Hormoncocktail im Gehirn.

Wir mixen entweder einen »Sex on the Beach«- oder einen »Ich bin ein Opfer der Umstände«-Cocktail. Wir entscheiden, ob wir zufrieden oder unzufrieden sind. Wir entscheiden, welche Hormone wir in unserem Körper wirken lassen.

Der Turbo für das Wünschen

- Bring dich in eine positive Grundstimmung.
- Lächle.
- Lobe dich, sooft du kannst.
- Gehe sooft du kannst in Vorfreude.
- Tu so als ob.
- Stelle dir das glückliche Ereignis ganz konkret vor.
- Male dir alle Einzelheiten so intensiv wie möglich aus.
- Betrachte ganz bewusst mindestens zehn gute Dinge, die dir am Tag passiert sind.
- Erinnere dich an vergangenes Glück. Spüre ganz bewusst nach.

Es gibt sogar eine sehr interessante Studie von Michael Norton und Elisabeth Dunn[2] über die Vorfreude, die zeigt, dass über die Hälfte

[2] Norton, Michael und Dunn, Elisabeth: The Science of Smarter Spending. Simon and Schuster, 2013. S. 91.

der Probanden ein glücksbringendes Ereignis lieber drei Tage hinausschieben würden, als es sofort zu erleben. Warum wohl? Weil die Vorfreude eine so massive positive Wirkung auf uns hat.

Übung: Ich erschaffe Glücksgefühle

Diese Übung zeigt dir, wie leicht es ist, Glückshormone auszuschütten. Sie kostet dich eine Minute und ist sehr wirkungsvoll.

- Setze dich ruhig hin und ziehe deine Mundwinkel ganz stark nach oben. Mach eine grinsende Grimasse, egal ob du dich so fühlst oder nicht! Die Muskeln, die nach oben gezogen werden, drücken auf einen Nerv im Gesicht, der dem Gehirn signalisiert: Hey! Wir sind gut gelaunt! Und schon schüttet das Gehirn Glückshormone aus! Es braucht 60 Sekunden, bis es das tut.
- Um dieses Gefühl noch intensiver werden zu lassen, kannst du dir vor deinem geistigen Auge deinen Lieblingsort vorstellen: Das kann ein Strand sein, der weite Ozean oder klare Bergketten; – was auch immer dein Lieblingsort ist.
- Das kann auch ein Sonnenuntergang sein oder wie du mit Delphinen schwimmst oder durch eine Blumenwiese wanderst.
- Atme diese Stimmung ruhig und gelassen ein und aus.
- *Entscheide* dich, diese Stimmung den ganzen Tag über zu behalten.

Wenn du möchtest, kannst du deine Lieblingsorte in der EW-3.0 APP notieren, so dass du sie immer parat hast, wenn du gerade einen Glücksgefühle-Schub brauchst.

Die perfekte Notfallliste

Wie wir bereits wissen, entstehen gute oder schlechte Gefühle nicht nur durch unsere Gedanken, sondern sie lassen sich auch von außen erzeugen. Ein Streit, ein falsches Wort, und schon haben sich unsere positiven Gefühle in negative gewandelt. Umgekehrt können Streicheleinheiten für die Seele uns sofort heiter und beschwingt stimmen. Das Dumme ist nur, dass wir auf unsere Umwelt nicht immer direkten Einfluss nehmen können. Wir scheinen also abhängig vom Wohlwollen anderer zu sein.

Und dennoch gibt es ein ganz einfaches Mittel, das wir selbst in der Hand haben: Musik.

Musik erzeugt Emotionen.

Musik kann uns beleben oder beruhigen, traurig machen oder heiter stimmen. Musik lässt uns sportliche Ausdauer entwickeln und seelische Schmerzen vergessen, Musik kann uns trösten, tanzen lassen und ein Lächeln auf unser Gesicht zaubern.
Wir wissen das. Natürlich. Aber all das Wissen nutzt uns nichts, wenn wir es nicht bewusst für uns einsetzen.
Ich zum Beispiel habe immer ein paar musikalische Trostpflaster und Stimmungsretter bei mir. Die habe ich mir ganz bewusst ausgesucht. Ich habe sie sogar in einer eigenen Datei, welche diesen Namen trägt, geordnet. Wenn ich missgelaunt bin, will ich nicht erst lange herumsuchen müssen. Und diese Musik soll meine Gefühle nicht verstärken, sondern mich herausführen.
Ich habe die Musikstücke nach verschiedenen Graden geordnet:

1. Schlecht gelaunt.
2. Ganz schlecht gelaunt.

3. Hoffnungslos schlecht gelaunt.
4. Will nur noch die Bettdecke über den Kopf ziehen.
5. Da kann nichts mehr helfen. Nur noch das.
6. Ok. Ich will da raus.
7. Ich bin ganz in Ordnung – aber ich will noch mehr.
8. Ich bin einfach super – aber jetzt will ich fliegen.

Nun solltest du die nächsten Tage ebenfalls so eine musikalische Notpflasterliste zusammenstellen. Benenne sie auch je nach Schwierigkeitsgrad, deine Laune aufzubessern. Ich muss schon grinsen, wenn ich meine Liste lese. Sicherlich wird es dir ebenso ergehen.
Denke aber bitte daran, dass wir keine wirkliche Lust haben, so eine Liste zu erstellen, wenn es uns schlecht geht. Wir sind dann eher geneigt unsere Gefühle durch Musik zu verstärken. Daher ist es wesentlich, dass du dir diese Musikliste zusammenstellst, wenn es dir gut geht. Wenn du gerade Bäume ausreißen möchtest.
Auf diese Weise erinnert sich auch dein ganzes System sofort wieder an das Gefühl der Freude und Euphorie, die du hattest, als du die Musikliste zusammengestellt hast.
Bei mir gibt es zum Beispiel Musikstücke, die bereits über 40 Jahre alt sind, aber wenn ich sie höre, bin ich emotional sofort wieder in dem gleichen Gefühl von damals.
Zum Beispiel die erste Platte von *Dire Straits:* Die habe ich damals ständig mit meinem Freund gehört, als er mich für zwei Wochen besuchte und wir nächtelang philosophierten.
»Private Dancer« von *Tina Turner:* Diese Platte hatte ich in meinem Walkman, als ich in einem Hausboot den Shannon in Irland rauf- und runterfuhr.
»Beatles for Sale« von den *Beatles:* Als die Platte rauskam, schnappten wir – mein Vater und ich – jeder einen Tennisschläger. Der wurde zu unseren Gitarren und wir sangen und spielten die Songs mit.

»California Dreamin'« von *The Mamas and The Papas:* Ich war mit einem Freund und meinem Moped in London und die Flower-Power-Zeit war in vollem Gange. Meine Güte, waren wir beseelt und befreit!
»Message in a Bottle« von *Police:* Als ich meine Freundin kennenlernte, mit der ich fast ein Jahr zusammen war, befand sie bereits am ersten Tag meine Plattensammlung als zu altmodisch. Wir gingen in den Plattenladen und kauften Musik, die ihr gefiel. Ich lernte Police kennen und wir tanzten das ganze Wochenende im Wohnzimmer.
»Light my Fire« von den *Doors:* Ich war mit meiner Mutter im Bayrischen Wald und wir machten bei einem Bauern Ferien. Ich hörte den Song im Radio. Er war gerade Nummer eins geworden. Ich spielte ihn den ganzen Tag und meine Ferien waren gerettet.
Natürlich habe ich ach ganz viele aktuelle Songs, die mich emotional pushen. Ich habe aber als Beispiele ganz bewusst sehr frühe Songs aus meinem Leben ausgewählt, um dir zu zeigen, dass wir unendlich viele schöne Momente mit Musik erlebt haben.
Wenn wir diese Momente wieder hochholen, empfinden wir die gleichen Gefühle wie damals.
Oh mein Gott, und da war ja noch »Sunny Afternoon« von den *Kinks:* Das war eine sagenumwobene Schmusenacht. Laut gehört, ich meine wirklich laut gehört. Das mache ich jetzt gleich. Arme Nachbarn. Da müssen sie jetzt durch.
Drei Stunden später: Ist nicht bei einem Song geblieben. Aber meine Güte, mir geht's gut.
Wusstest du, dass viele der vorhin beschriebenen Glückshormone auch durch Musik ausgeschüttet werden? Leichter geht es doch wohl kaum.

»Nicht« und »kein« – oder die Sache mit der Angst

Vor Wünschen, die mit einer gehörigen Portion Angst im Hintergrund erfolgen, sollte man sich in Acht nehmen. Angst ist wie ein riesiger Magnet.

**Ängste ziehen genau die Ereignisse an,
die wir verhindern wollen.**

Angstbesetzte Gedanken sind sehr emotionsgeladen. Sie haben somit eine außerordentlich starke Energie. Darüber hinaus beschäftigen wir uns besonders ausgiebig mit den Dingen, vor denen wir uns fürchten. Wir stellen uns also ständig die schlimmsten Szenarien in allen möglichen Details vor und lassen sie immer wieder vor unserem geistigen Auge ablaufen.
Obwohl wir Angst davor haben, beschäftigen wir uns mehr mit ihnen als mit den angenehmen Dingen des Lebens. Selbst wenn es uns gut geht und alles prima läuft, erkennen wir nicht das Wunderbare in unserem Leben, sondern tauchen in eine dumpfe Angstenergie ein.
Energie folgt aber immer der Aufmerksamkeit. Das bedeutet, wir ziehen immer die Ereignisse an, mit denen wir uns beschäftigen.
Aber genau das wollen wir doch nicht. Genau genommen wollen wir das Furchtbare doch gerade vermeiden.

**Alles, was wir vermeiden wollen,
ziehen wir in unser Leben.**

Wenn wir auf angstbesetzte Weise etwas wünschen, wollen wir in Wahrheit etwas vermeiden. Egal wie positiv wir es auszudrücken versuchen – in Wirklichkeit steht dahinter meist der Gedanke von »Ich will nicht, dass ...« oder »Ich möchte kein ...«.

Das Universum kennt aber die Worte »nicht« und »kein« nicht. Mit der Verneinung kann es nichts anfangen, ebenso wenig mit dem Versuch, etwas vermeiden zu wollen, also etwas nicht zu tun.
Solch ein Wunsch wird fast immer vollkommen gegensätzlich zu unserem wirklichen Wunsch ausgeführt. Das Unterbewusstsein filtert nämlich die Worte »kein« und »nicht« einfach aus der Satzformulierung heraus und führt es so aus, als würden wir genau dies so wollen.
»Ich will nicht krank sein«, bedeutet also für unser Unterbewusstsein im Grunde: »Ich will krank sein.« Warum ist das so?
Wir können nicht etwas *nicht* entstehen lassen. Wir können immer nur *etwas* erschaffen und nicht *etwas nicht* erschaffen. Allein schon der Gedanke an nicht-erschaffen erschafft das Unerwünschte.
Nicht nur weil das Unterbewusstsein das Wort »nicht« einfach ausstreicht – wie kann man auch etwas *nicht* werden? – sondern auch, weil die Angst vor einer Krankheit, die hinter diesem Wunsch steckt, wesentlich größer ist als der Wunsch, gesund zu sein.

Das Gehirn denkt in Bildern

Die Hirnforschung weiß inzwischen, dass unser Gehirn in Bildern denkt. Und dies ist sehr wesentlich für unser *Erfolgreich Wünschen.*
Mach mit mir eine kleine mentale Übung:
Nachdem du diese Zeilen gelesen hast, schließt du einfach ganz kurz die Augen und denkst **nicht an Schokolade**.
Und? Was hast du vor deinem geistigen Auge gesehen?
Ja klar! **Schokolade**.
Das Bild von Schokolade ist so stark, und die Information über dieses *Ding Schokolade* so klar, dass unser Gehirn einfach mit seinem

fotografischen Gedächtnis ein Bild von Schokolade zeigt. Denn es hat ja sein ganzes Leben lang Erfahrung mit Schokolade in verschiedensten Formen gemacht.
Sobald wir dieses Wort – eigentlich eher den Begriff – »Schokolade« verwenden, entsteht ein Bild. Auch wenn wir davor Wörter wie *nicht* oder *kein* verwenden, entsteht ein Bild. In diesem Fall das Bild von einer Tafel Schokolade. Und zwar exakt das Bild, das wir persönlich mit dem Begriff »Schokolade« verbinden.

**Das Gehirn denkt in Bildern
und kann deswegen Verneinungen nicht begreifen.**

Unser Gehirn ist darauf trainiert, uns genau das zu bringen, was wir uns *vorstellen*, also welche Bilder wir beim Wünschen entstehen lassen. Sobald unser Wunsch ein klares Bild ergibt, will unser Gehirn uns genau dieses Bild im »richtigen Leben« präsentieren. Es ist wie ein »Marschbefehl«: Los! In diese Richtung soll es gehen. Unser Gehirn ruht nicht eher, als bis es sein Ziel erreicht hat.
In unserem Fall »Schokolade« lässt uns das Gehirn das Wasser im Mund zusammenlaufen und macht manchmal sogar einen richtigen Heißhunger auf Schokolade – bis wir sie endlich in Händen halten und essen können.
Weil also Verneinungen nicht verstanden werden, sondern nur die entstehenden Bilder, funktionieren folgende »guten Vorsätze« oder Affirmationen nicht:
»Ich rauche nicht mehr.«
»Ich esse keinen Zucker mehr.«
»Ich trinke keinen Kaffee mehr.«
»Ich darf mich nicht mehr so viel aufregen.«
»Das passiert mir nie wieder.«
»Ich habe keine Angst mehr.«

Auch verneinende Wörter im Satz funktionieren nicht wie gewünscht:
»Ich bin unabhängig.« – Das Gehirn versteht nur das Wort »abhängig«.
»Ich bin schuldenfrei.« – Das Gehirn hört nur das Wort »Schulden«.
»Ich bin ohne Sorgen.« – Das Gehirn versteht nur das Wort »Sorgen«.
»Ich bin entzündungsfrei.« ... etc.

Etwas vermeiden zu wollen geht also nicht. Aber wir können das Gegenteil davon entstehen lassen. Wir brauchen uns nur mit der positiven Entsprechung beschäftigen. Der Befehl, der verstanden wird, sollte korrekterweise lauten: »Ich bin gesund.« Dieser Befehl ist einfach und klar. Mit diesem Wunsch beschäftigen wir uns mit unserer Gesundheit und nicht mit Krankheit.
Jetzt mal ganz ehrlich, wie viele solcher Negativwünsche denken und sprechen wir jeden Tag aus? »Ich will nicht arbeitslos werden. Ich will nicht sterben. Ich will keinen Unfall haben. Ich will nicht verlassen werden. Ich will nicht arm sein.«
Tatsächlich beschäftigen wir uns auf diese Weise jedoch nur mit den negativen Aspekten und senden diese Energie hinaus. Was dementsprechend im Resonanzfeld ankommt, wissen wir ja jetzt.
Richtig gewünscht sollte es lauten: »Ich habe Arbeit. Ich bin glücklich in meiner Beziehung. Ich habe alles, was ich brauche.«
Vielleicht versteht der eine oder andere nun auch, warum so manche Wünsche so falsch geliefert wurden. In Wahrheit wurden sie gar nicht falsch ausgeführt. Die Lieferung war sogar sehr prompt und exakt. Das Wunschformular wurde nur falsch ausgefüllt.

Schreibe den Wunsch auf

Auf diese Weise wird der Wunsch verstärkt. Er verlässt unseren Körper zum ersten Mal physisch. Allein dadurch gewinnt er an Kraft. Wir meinen es plötzlich ernst. Wir verlassen den Raum der Spekulationen und Träume.

Wenn wir es niederschreiben, manifestieren wir unseren Wunsch.

Ab jetzt ist er in der Materie. Es ist unser fester Wille. Unerschütterlich, klar und eindeutig.

Besonders wenn man Anfänger im Wünschen ist, sollte man seinen Wunsch schriftlich festhalten. Später, wenn man bereits Routine und einen gefestigten Glauben besitzt und auf genügend Erfolge zurückblicken kann, kann man auch mal auf das Schreiben verzichten. Dann kann man auch so locker vom Hocker bestellen oder ganz nebenbei einen Wunsch abschicken.

Der Nachteil aber ist, wenn wir nur so nebenbei wünschen, werden wir irgendwann nicht mehr wissen, was wir uns alles gewünscht haben, und früher oder später den Überblick verlieren.

Außerdem wünschen wir uns nicht nur so nebenbei immer etwas, sondern wir wünschen ständig auch wieder ab und um und neu und wieder doch ganz anders. Oft haben wir es gar nicht so gemeint, waren nur einen Moment lang davon beseelt und wünschen uns im nächsten Moment schon wieder etwas anderes. Dem Feld der Möglichkeiten ist es egal. Das, was gewünscht wird, wird geliefert, auch wenn wir es vielleicht gar nicht mehr gebrauchen können. Und plötzlich sind wir in einem Sammelsurium von ausgesandten Wünschen und haben keinen Überblick mehr über unser Leben. Es geschehen dann unzählige verschiedene und gegenläufige Dinge um uns herum, und in all dem Chaos erkennen wir nicht mehr, dass wir die Schöpfer aller Dinge sind.

Dazu kommen noch all unsere unbewussten Wünsche, die wir erst recht nicht haben wollen.
Und schon sind wir wieder da, wo wir doch nicht mehr sein wollten: Dinge treffen ein, und wir haben keine Ahnung, wer das alles in Auftrag gegeben hat.
Unsere ersten Wünsche sollten wir also lieber ganz bewusst realisieren. Und ihnen mit dem Aufschreiben eine klare Richtung und Gewichtigkeit geben.
Zumindest für den Anfang rate ich auch dazu, sich ein kleines Ritual dafür zu schaffen.

**Mein Wunsch ist es mir wert,
mich damit zu beschäftigen.**

- Lass deshalb den Augenblick zu einem besonderen Augenblick werden. Nimm dir Zeit und Ruhe. In diesem Moment gestaltest du dein Leben.
- Vielleicht legst du schöne Musik auf, zündest ein paar Kerzen an oder aber bleibst in absoluter Stille. Wichtig ist dabei, dich zu entspannen.
- Wenn wir entspannt sind, sieht das Leben viel angenehmer aus, und unser Wunsch gestaltet sich wesentlich positiver. Positive Gedanken sind ein Katalysator für unsere Wunschenergie. Warum das so ist, darüber werden wir später noch ausführlicher reden.
- Wenn du deinen Wunsch nun ganz klar für dich formuliert hast, schreibe ihn auf, mit der tiefen Gewissheit, dass er nun erfüllt wird.

- Falte den Zettel zusammen und lege ihn an einen besonderen Ort. Es sollte ein schöner Platz sein, denn dieser Ort zeigt uns, wie wichtig und »heilig« unser Wunsch für uns ist. Es darf durchaus ein geheimer und für fremde Augen nicht sichtbarer Ort sein.
- Wichtig ist nur, dass wir um die Kraft des ausgesandten Wunsches wissen, und dies lässt sich unter anderem auch durch einen besonderen Ort für unseren kleinen Zettel bekräftigen.

Das Aufschreiben auf ein Blatt Papier oder eine Karte oder in das Tagebuch hat noch einen weiteren Vorteil: Es ist gleichzeitig eine fabelhafte Beweisführung für unseren Verstand.
Denn bereits nach kurzer Zeit wissen wir meist nicht mehr so genau, was wir geschrieben haben. Wir kennen zwar den ungefähren Sinn unseres Wunsches noch, aber die Worte verdrehen sich im Laufe der Zeit ganz gerne in unserer Erinnerung. Kein Wunder, strömen doch jeden Tag unzählige neue Einflüsse auf uns ein. Wir verändern uns, unsere Gedanken verändern sich und damit auch unsere Erinnerung, die uns meist eine nicht zu trennende Mischung aus Wahrem, Gedachtem und Erhofftem vorspiegelt.
Wird der Wunsch dann geliefert und man kann die ursprüngliche Bestellung wieder nachlesen, so erlebt man meist eine wundersame Überraschung. Voller Staunen wird man feststellen, wie exakt der Wunsch tatsächlich gemäß unserem schriftlichen Auftrag in Erfüllung gegangen ist.

Ohne das schriftliche Festhalten des Wunsches wird man allerdings mit Sicherheit des Öfteren vor unlösbaren Rätseln stehen. So jedenfalls erging es mir. Obwohl mein Wunsch ganz genau ausgeführt worden war, konnte ich zunächst nichts damit anfangen, weil ich ihn mir nicht aufgeschrieben und natürlich in meiner Freude den genauen Wortlaut meines Wunsches vergessen hatte.

Das Geschenkpaket ist angekommen, doch es lässt sich nicht öffnen

Vor ungefähr 16 Jahren, nach unserem Kinofilm »Und das ist erst der Anfang«, waren wir fast pleite. Wir hatten unser gesamtes Geld in unsere eigene Produktionsfirma gesteckt. Obwohl der Film erstaunlich gut ankam, spielte er nicht genügend Geld ein. Darüber hinaus hatten Michaela und ich auf Rückstellung gearbeitet, das heißt, auf einen Großteil unserer Gagen verzichtet, damit sie dem Film zugutekamen.

Nach dem Ausschöpfen aller finanziellen Möglichkeiten mussten wir unsere Firma letztendlich schließen und wussten nicht genau, wie unsere finanzielle Zukunft aussehen würde. Man könnte es auch etwas drastischer formulieren: Wir hatten alles verloren und standen vor einem rigorosen Neuanfang. Die Situation war mehr als angespannt. Von meiner Autorentätigkeit konnten wir noch nicht leben, und als auch unsere letzten Ersparnisse rascher zur Neige gingen, als wir gedacht hatten, machte sich bei mir langsam Panik breit und ich teilte Michaela meine ganzen Sorgen mit. Ich malte ihr die schlimmsten Szenarien aus und war in meiner ängstlichen Hoffnungslosigkeit durchaus überzeugend. Zumindest fand ich das. Ich machte ihr unmissverständlich klar, dass wir entweder sofort wieder mit der Schauspielerei beginnen müssten oder aber das teure Haus kündigen sollten. Am besten wäre es, wir würden so bald wie möglich eine kleine Wohnung beziehen. Nur so hätten wir die Chance, alle Kosten in einem erträglichen Rahmen zu halten, bis ich vielleicht das erste Geld mit dem Schreiben verdienen würde.

Michaela lächelte nur. Und wenn Michaela lächelt, kann man ihr nichts auf der Welt abschlagen. Ich jedenfalls nicht. Wenn Michaela lächelt, lächelt ihre Seele und man weiß, alles wird gut.

Gleichzeitig war mir aber auch klar, dass kein einziger meiner Vorschläge angenommen werden würde.
Die einzige Lösung, die für sie infrage kam, war, einen Wunsch mit Erfolgsgarantie beim Universum abzugeben. Michaela tat dies schon seit ihrem elften Lebensjahr, und das Wunderbare an ihr ist, dass es nur wenig gibt, was sie erschrecken könnte. Denn schließlich hat sie einen dicken Verbündeten in ihrem Leben – ja, natürlich außer mir – das Universum.

Als Michaela und ich uns das erste Mal begegneten, trafen sich also zwei aktive »Wünscher«. Und immer, wenn einer von uns »unten« ist, holt der andere ihn wieder hoch, und dann erinnern wir uns gegenseitig daran, dass wir doch eigentlich nichts anderes zu tun brauchen, als unsere Wunschkraft einzusetzen.
An diesem Abend war es Michaela, die lächelnd die einzig wirklich sinnvolle Lösung vorschlug: Wir müssten doch einfach nur *Erfolgreich Wünschen.*

Wenn gar nichts mehr geht,
wünschen geht immer.

Natürlich. Wie konnte ich das nur vergessen? Allein durch die Sicherheit, die Michaela ausstrahlte, fand ich zurück zu meinem verlorenen Urvertrauen.
Wenn Schreiben wirklich mein »Ding« ist und ich künftig weiterhin schreiben sollte, müsste das unendliche Feld der Möglichkeiten doch für die finanzielle Sicherheit sorgen. Also war es nur naheliegend,

dass meine Bestellung aufgenommen und prompt geliefert werden würde. Damals dachte ich noch, ich bräuchte so eine Art »Erlaubnis« oder »Berechtigung« für meine Wünsche.
Wie viel Geld brauchte ich? Wie lange würden wir davon leben müssen? Was wäre eine schöne Zahl? Wie viel Geld hatten wir durch die Firma verloren? Wie viel Geld hatte ich durch den Verzicht auf den Großteil meiner Regie- und Autorengagen nicht bekommen? Wir sollten von diesem Geld mindestens ein Jahr leben können und es sollte ungefähr so viel sein wie der Betrag, auf den ich für unseren Film verzichtet hatte.
Bald kam ich auf eine Summe um die 80.000 Mark. Eine wirklich schöne Zahl aber wäre 77.777 Mark. Schließlich war der Wunsch klar.
Ich bedankte mich bereits für die Erfüllung des Wunsches, ich war mir sicher, das Geld würde kommen, und wollte nicht mehr daran denken und damit gar nicht in die Versuchung kommen zu zweifeln. Mein Wunsch sollte doch seine Kraft und Energie behalten.
Einige Wochen später waren wir beide in Düsseldorf zur Unesco-Gala eingeladen, um dort für einen guten Zweck Lose zu verkaufen.
Wie jedes Mal kauften wir uns selber auch ein paar. Aber an diesem Abend war kein einziges unserer Lose ein Gewinn. Nicht einmal ein Buch oder ein Fön oder eine lächerliche CD. Alle Preise waren bereits gezogen und an glückliche Gewinner verteilt worden, bis auf einen: den Hauptgewinn, einen nagelneuen Jaguar.
Plötzlich, in der gleichen Sekunde, als das riesige Losrad sich zum letzten Mal zu drehen begann, wusste ich, das ist der Moment, in dem sich mein Wunsch materialisiert. Dies war der große Augenblick. In diesem Moment war ich mir des Universums und all seiner Geschenke bewusst. Ich wusste, in diesem Augenblick wird mein Wunsch erfüllt. Ich war verbunden, ich war eins, ich stammelte noch: »Oh mein Gott, jetzt passiert es«, und Michaela sah mich ratlos an.

Und dennoch, obwohl ich es *vorfühlte*, war ich, als Kai Pflaume, der Moderator des Abends, meine Losnummer aufrief, genauso fassungslos wie Michaela. Kai war so überrascht, mich auf der Bühne zu sehen, dass er mein Los gleich mehrmals überprüfte. Aber kein Zweifel, ich hatte den Hauptpreis des Abends gezogen, einen Jaguar im Wert von 111.000 DM.

Nun entstand die Frage, was für einen Preis wir für den Wagen erzielen könnten, denn dass wir ihn nicht behalten wollten, war Michaela und mir klar. Der Erlös sollte doch schließlich mein weiteres Schreiben sichern. Ein renommiertes Autohaus übernahm den Verkauf und setzte den Preis auf 104.000 DM an.

Eine Woche verging, eine zweite und noch eine. Der Wagen wurde nicht verkauft. Kunden gab es genügend, aber alle gingen an unserem Wagen vorbei und erstanden das gleiche Modell, aber zum vollen Preis.

Nach drei Wochen senkten wir den Preis auf 99.000 DM. Das Autohaus war nicht begeistert. Sie befürchteten, sich selbst die Preise kaputt zu machen. Aber schließlich gaben sie meinem Druck nach. Eine Woche verging, eine zweite, der Wagen wurde nicht verkauft.

Nach langen Kämpfen wurde der Preis abermals gesenkt, auf 88.000. Vergebens. Der Wagen blieb unverkäuflich. Keiner verstand es. Der Wagen war ein Schnäppchen, an Kundschaft mangelte es ebenso wenig, doch keiner wollte diesen Wagen, der inzwischen direkt am Eingang stand, haben. Auch nicht für 85.000.

Michaela und ich verstanden die Welt nicht mehr. Das gewünschte Geld war praktisch vor unseren Augen, aber es schien keinen Weg zu geben, wie es zu uns finden konnte.

Dabei musste die Lösung sicherlich einfach sein. Schließlich hatten wir bisher immer *erfolgreich gewünscht*. Der Gewinn des Wagens war doch Beweis genug. Trotzdem verstanden wir nicht, was hier falsch lief. Also setzten wir uns ganz ruhig hin und fragten nach innen.

Da fiel es uns wie Schuppen von den Augen. Wir *verstanden* es nicht. Aber der Verstand kann einem bei einer erfolgreichen Lieferung nur selten weiterhelfen. Meist ist es die Intuition, die einem den richtigen Weg weist. Die Antwort war ebenso logisch wie einleuchtend. Ich hatte darum gebeten, dass mir der verzichtete Betrag unseres Filmes ausgeglichen wird, und wir sollten ein Jahr davon leben können.
Der Betrag, um den ich gebeten hatte, war ca. 80.000 DM. Oder nicht? Doch dann – natürlich – ich konnte mich erinnern. Mir hatte die Wiederholung der göttlichen Zahl 7 gefallen. Das heißt, der exakt richtige Betrag, den ich mir gewünscht hatte, war 77.777 DM. Hektisch rief ich bei dem Autohaus an, aber dort zeigte man sich überhaupt nicht begeistert. Man weigerte sich, den Wagen so billig herzugeben. Erst nach einem längeren Disput ließ man sich widerwillig darauf ein.
Eine Woche verging, eine zweite, der Wagen wurde nicht verkauft. Ich verstand die Welt nicht mehr. Jetzt stimmte doch alles. Warum wurde meine Bestellung nicht ausgeliefert?
Ich rief erneut an. Ob man auch wirklich den Wagen mit 77.777 DM ausgezeichnet hätte? Nach längerem Hin und Her gestand man mir, dass ich zwar die 77.777 von ihnen bekommen würde, aber sie wollten doch auch ein bisschen daran verdienen und hatten den Wagen mit 82.000 ausgezeichnet. Erst als ich vehement darauf bestand, den vereinbarten Preis am Wagen zu kennzeichnen, ließ man sich darauf ein. Vielleicht auch nur, um mich endlich loszuwerden.
Keine zwei Stunden später erfolgte der Anruf. Man hatte den Wagen zu diesem Preis sofort verkauft.
Mitten in die Freude hinein begann ich mich auch etwas zu ärgern. Wieso hatte ich Idiot mir nicht 88.888 oder 99.999 gewünscht – oder das Geld für zwei Jahre? Dann hätte ich für den Jaguar wesentlich mehr bekommen.

Aber hätte ich auch wirklich mehr als die 77.777 erhalten? Mit diesem Geld kamen wir beide nämlich prima über die Runden. Wahrscheinlich war es genau der richtige Betrag, der mir zustand. Oder wurde die Bestellung einfach nur ganz exakt ausgeführt? Oder war es nur eine Aneinanderreihung von Zufällen?

Das Erstaunlichste an dieser ganzen Geschichte ist aber nun Folgendes: Nicht einmal ein Jahr zuvor hatte meine wundervolle Michaela ebenfalls ein Auto gewonnen! Einen kleinen roten Toyota, den wir heute noch – jetzt ist er mittlerweile 17 Jahre alt – fahren. Wie es dazu kam? Nun, Michaela würde sagen, sie hatte sich diesen Wagen einige Wochen vorher beim Universum gewünscht. Aber über diesen wundervollen Gewinn erzähle ich später ausführlicher.

Doch zurück zum Jaguar: Hätte ich mir damals meinen Wunsch aufgeschrieben, so hätte ich mir einiges Kopfzerbrechen und einige Wochen Warten erspart. Ich wusste eben, als der Wunsch dann erfüllt wurde, nur noch vage, was ich mir tatsächlich, ganz exakt gewünscht hatte.

Was übrigens ebenfalls ziemlich oft passiert, ist, dass uns gewisse Teile der Lieferung nicht oder nicht mehr gefallen. Vielleicht hatten wir sie auch so nie gedacht. Dann sind wir meistens felsenfest davon überzeugt, dass die Bestellung falsch ausgeführt wurde. Das Geschriebene jedoch belegt die ursprüngliche Wunschformulierung und zeigt uns, wie genau der Kosmos gearbeitet hat und wie ungenau wir formuliert haben.

Gerade durch das Aufschreiben des Wunsches lernt man innerhalb kurzer Zeit mit der Differenz zwischen dem Gewünschten und dem tatsächlich Gelieferten umzugehen. Allein durch das vergleichende Arbeiten wird man rasch seine Wünsche so präzisiert haben, dass sich das Leben »wunder«-voll gestaltet. Mit der richtigen Wortwahl ist *Erfolgreich Wünschen* nämlich ziemlich einfach.

Auf jeden Fall haben wir durch das Notieren unseres Wunsches nun einen Beweis, dass unsere kleine Wunschfabrik funktioniert und kein Hirngespinst ist. Innerhalb kurzer Zeit werden wir schließlich viele solcher kleinen Zettelchen haben und unsere anfänglichen Zweifel verwandeln sich vom gläubigen Staunen schließlich zum überzeugten Wissen.

Nichts ist so erfolgreich wie der Erfolg selbst, denn er zieht weiteren Erfolg nach sich.

Als ich wieder mit dem Wünschen anfing, habe ich viele solcher kleinen Zettel gesammelt. Ich brauchte auch viele solcher Beweise, denn schließlich bin ich auf ein naturwissenschaftliches Gymnasium gegangen. Dort bildet man bekanntermaßen hauptsächlich skeptische Realisten aus. Ich benötigte also eine gewisse Zeit, um meinen Verstand umzuerziehen und von der Wirksamkeit des Wünschens zu überzeugen. Aber schließlich waren die Zettel auch für meinen Verstand schlagkräftig genug. Er verstand, dass es funktionierte, und arbeitete nun in die gewünschte Richtung weiter.

Ich arbeite übrigens gerne mit Zetteln. In meinem Arbeitszimmer bedecken zwei Pinnwände die Längswände, auf diese Weise ist bei mir das »kreative Chaos« überschaubar. Doch diese »Zettelwirtschaft« ist nicht jedermanns Sache, und viele haben mir berichtet, dass sie es vorziehen, ihre Wünsche in ein extra Wunschtagebuch zu schreiben oder mit anderer Farbe in das normale Tagebuch. Das hat tatsächlich mehrere Vorteile:

Zum einen kann man später nachvollziehen, wie sich die Formulierung des Wunsches entwickelt hat, vom ersten, verschwommenen »Ich will ganz viel …« bis zur endgültigen Fassung. Beim nächsten Mal kann man sich dann viele der Zwischenschritte sparen.

Ein weiterer Vorteil ist, dass man die Wünsche und die Weise, wie sie erfüllt wurden, jederzeit zum Nachschlagen da hat. Auch noch Jahre danach. Daraus kann man nicht nur für künftige Formulierungen viel lernen. Man hat damit auch einen unumstößlichen Beweis, schwarz auf weiß, für den Verstand, wenn er mal wieder zweifeln und alles dem »Zufall« zuschreiben will. Darüber hinaus findet man dadurch immer wieder genügend Motivation, sich erneut etwas erfolgreich zu wünschen. Nicht immer denkt man nämlich an diese Möglichkeit, vor allem dann, wenn einem wieder einmal das Wasser bis zum Hals steht.
Und last not least macht es einfach Spaß, seine Erfolgserlebnisse aufzuschreiben!

Klar, knapp und präzise formulieren

Je genauer man bei der Wunschformulierung ist, desto genauer wird die Bestellung ausgeführt. Je vager und diffuser man vorgeht, desto mehr Möglichkeiten gibt es, etwas anderes zu bekommen als man sich wirklich vorgestellt hat.
Möchte man z.B. einen Schrank für sein Wohnzimmer, so beschreibt man, wie der Schrank aussehen und wo er hinpassen soll. Welche Farbe, welches Holz, welche Größe und ebenso welche Gegenstände darin Platz finden sollen. Ist man nicht wirklich präzise, gibt es eben viel Spielraum zwischen Gedachtem und Geliefertem und man bekommt vielleicht irgendeinen Schrank, den man gar nicht verwenden kann.
Egal wie viele Punkte unsere Bestellung hatte, und wie detailliert wir sie notiert haben, alle Punkte werden ordnungsgemäß ausgeliefert. Trotzdem fällt uns bei der Lieferung manchmal auf, dass es noch

ganz andere Einzelpunkte gegeben hätte, die wir vergessen haben und die uns nun sehr stören. Deshalb ist es gar nicht so wichtig, einen Tausend-Punkte-Katalog zu erstellen, denn es wird weitere hunderttausend Punkte geben, die uns nicht eingefallen sind und die nun so mitgeliefert werden, wie wir sie uns eher nicht gewünscht hätten.

Formuliere deinen Wunsch in zwei oder drei knappen Sätzen.

Das klingt wie ein Widerspruch, ist aber keiner. Denn je präziser und kürzer man sein muss, desto mehr ist man gezwungen, zum eigentlichen Kern seines Wunsches vorzudringen. Kann man es mit zwei Sätzen ausdrücken, weiß man selbst viel genauer, was man sich wirklich wünscht.
Wenn ein Autor seine Idee dem Produzenten vorstellen soll, wird er stets aufgefordert, die Idee in einem Satz auszudrücken. Denn wenn man es nicht schafft, seine Geschichte mit wenigen Worten zu vermitteln, schafft man es mit vielen Worten erst recht nicht.
Deswegen arbeiten Autoren oft sehr lange daran, die Grundidee der Geschichte so knapp wie möglich zu fassen. Ganz ähnlich ergeht es den Werbetextern, die manchmal nur zwei, drei Worte verwenden dürfen. Dennoch soll genau in diesen wenigen Worten die ganze Essenz enthalten sein.
Je knapper man also formuliert, desto präziser wird der Wunsch. Je mehr Worte man benötigt, desto schwammiger und diffuser wird die Bestellung und damit die Lieferung. Ein kurzer treffender Wunschsatz ist wesentlich kräftiger als eine zweiseitige Abhandlung.
Wie kraftvoll bereits wenige Worte sein können, habe ich oft genug erfahren dürfen.

Unbeabsichtigt und doch erfolgreich gewünscht

Mit 22 Jahren war ich durch das Fernsehen bereits sehr bekannt. Aber nicht am Theater. Fernsehen und Theater vertrugen sich damals nicht. In der Theaterwelt waren Fernsehschauspieler verpönt und galten als Schauspieler zweiter Klasse. Dass ein Fernsehstar wie ich jemals eine gute Rolle in einem renommierten Theater bekommen könnte, galt als extrem unwahrscheinlich.

Eines Tages aber sah ich im Residenztheater die Aufführung »Hamlet« mit Michael Degen. Diese Vorstellung beeindruckte mich nachhaltig, und ich wollte unbedingt auch an diesem Haus spielen. Ein unmögliches Unterfangen. Ich bekam nicht einmal einen Termin beim Intendanten Kurt Meisel oder beim damaligen Dramaturgen. Dies hat mich so geärgert, dass ich meinen ganzen Frust auf ein großes Blatt Papier schrieb. Wutentbrannt stand dort in großen Lettern: »Ich spiele an diesem Theater! Noch in diesem Jahr! Und ich suche mir die Rolle selbst aus!«

Und damit auch jeder meine Empörung sehen konnte, pinnte ich diesen Zettel an meine Wand. Kurz, präzise und zielsicher. Und ich war überzeugt davon, dass es eintreffen würde.

Drei Monate später rief das Residenztheater an. Sie wollten, dass ich vorbeikomme. Was war geschehen? Michael Degen inszenierte »Faust 1« und »Faust 2« und wollte die Rollen nicht mit Schauspielern aus dem eigenen Haus, sondern mit neuen, frischen, unverbrauchten Leuten, mit Schauspielern wie ich einer war, besetzen. Ich sprach also bei ihm vor. Zuerst die Rolle des Theaterdirektors aus »Faust 1«. Michael Degen schickte mich nach Hause und ließ mich drei Tage später die Rolle des Schülers vorsprechen. Und dann fragte er mich tatsächlich, welche Rolle mir besser gefiele und welche ich spielen wolle.

Ich bat mir Bedenkzeit aus und befragte meinen Vater. Der empfahl mir, den Schüler zu spielen, eine klassische Rolle, die im »Faust 2« richtig groß werden würde.
Und so kam es, dass ich noch im gleichen Jahr am Residenztheater in München spielte, in einer Rolle, die ich mir selbst ausgesucht hatte. Noch in derselben Woche saß ich beim Intendanten Kurt Meisel, der mir einen Dreijahresvertrag anbot. So lange jedoch wollte ich mich nicht an ein festes Haus binden. Ich hatte all die Kollegen gesehen, die erst am Schwarzen Brett erfuhren, welche Rolle sie künftig zu spielen hatten. Dafür war ich einfach viel zu frei denkend.
Ohne es zu wissen, hatte ich bereits damals sehr genau und präzise gewünscht und dies mit einem Zettel an meiner Wand manifestiert. Für mich gab es keinen Zweifel daran, dass es so eintreffen musste.

Regel 3
Danken – der Turbo für Erfolgreich Wünschen

Haben wir unseren Wunsch zu Papier gebracht, beenden wir den Auftrag mit einem Dank. Dies ist ganz wichtig! Das Danken beinhaltet so viele positive Aspekte für unser *Erfolgreich Wünschen*, dass ich sie an dieser Stelle nur kurz streifen kann.

Das Gute vermehren

Mit dem Danken beginnen wir, die Dinge in unserem Leben zu betrachten, die gut laufen. Wir lenken unser Augenmerk auf die wundervollen Ereignisse, die uns jeden Tag geschehen. Wir schenken ihnen Achtung und Anerkennung. Dadurch bereits erkennen wir, dass unglaublich vieles in unserem Leben schon vollkommen in Ordnung ist. Wir werden uns bewusst, wie viel wir bisher als etwas Selbstverständliches hingenommen haben und wie viel Aufmerksamkeit wir dem Wenigen schenken, das vielleicht noch nicht in Ordnung ist.
Wenn wir spontan eine kleine Liste schreiben, auf der all die Dinge stehen, die in unserem Leben gut laufen, werden wir uns wundern, wie viel darauf steht. Oft ist es nämlich so, dass von zehn Dingen acht wundervoll laufen, wir aber immer nur auf die wenigen nega-

tiven Punkte starren. Natürlich wird dann der Mangel an Bedeutung gewinnen und alles Wunderbare sich immer mehr verlieren. Betrachten wir nämlich immer nur das, was uns nicht behagt, wird uns irgendwann das ganze Leben nicht mehr behagen.

Der ständige Blick auf unseren Mangel
verstellt uns den Blick auf unseren Reichtum.

Vielleicht sehen wir einfach grundsätzlich zu viel auf das Negative. Oder vergleichen uns zu stark mit anderen. Denn meist ist es nur der Vergleich, der uns unglücklich sein lässt. Seltsamerweise betrachten wir bei anderen nämlich immer nur die positiven Dinge und verfallen dabei selbst in Minderwertigkeitsgefühle, weil wir all das nicht ebenfalls haben können.
Die folgende kleine Übung mit der Liste hilft uns ziemlich gut, uns einmal selbst von außen zu betrachten.

Übung: Das Positive sehen

Suche dir einen ruhigen Moment aus und setze dich entspannt hin. Konzentriere dich auf dich selbst. Betrachte dich mit einem Lächeln. Und ruf dir all die schönen Momente in deinem Leben in Erinnerung. Wie viel hast du bereits geleistet! Was hast du bereits alles geschafft! Wie vielen Menschen hast du bereits geholfen! Wer wurde durch dich schon alles glücklich! Betrachte dich erneut in diesen wundervollen Momenten deines Lebens. Betrachte sie ohne Wehmut. Zu all dem warst du bisher fähig. Das ist deine Kraft, dein Talent und dein Können. Dazu wirst du auch in Zukunft immer wieder fähig sein. All das kannst du immer wieder schaffen.
Und nun betrachte dich in deiner Umgebung. Betrachte deine Familie, deine Freunde, deine Verwandten. Du bist wichtig für sie, weil

du etwas in ihrem Leben bedeutest. Deine Liebe zu ihnen ist dein Reichtum. Du bist Halt und Vorbild für sie. Durch die Kraft deiner Worte, durch jede deiner Handlungen veränderst du auch ihr Leben. Durch dich schaffen sie vieles, was sie ohne dich, ohne deine Ermunterung, deine Fürsorge und deine Liebe, vielleicht nicht geschafft hätten. Oft genug war es vielleicht sogar ganz allein nur deine bloße Anwesenheit.
Spüre die Dankbarkeit für die Möglichkeiten, die das Leben dir bisher geboten hat, Größe zu zeigen.
Und nun konzentriere dich auf die Momente, in denen deine Freunde und Bekannten und deine Familie dir bisher geholfen haben. Wie viele Menschen denken gut über dich? Wie viele lieben dich, auch wenn sie es nicht immer so zeigen können? Wie viel Kraft und Freude geben sie dir immer wieder? Wie oft kämpfen sie mit dir um die Wahrheit, weil du ihnen wichtig bist?
Und dann betrachte dich in deiner unmittelbaren Umgebung. Wie wundervoll hast du es, trotz manchmal schwerster Bedingungen, bis hierher geschafft. Sieh dich gedanklich um. Dies alles hast du aus dem Nichts erschaffen. Du bist Schöpfer deiner eigenen Welt. Betrachte dich voller Güte und Wärme. Das Leben beschenkt auch dich reichlich. Spüre, wie wundervoll dies alles ist. Spüre deine Dankbarkeit.
Und nun öffne deine Augen und beginne, all die wundervollen Dinge auf deine kleine Liste zu schreiben. Du wirst erstaunt sein, wie viel bereits in deinem Leben wundervoll läuft.

Damit setzen wir einen Kreislauf der anderen Art in Gang. Statt immer nur über unsere Probleme zu grübeln, erkennen wir das Gute, das bereits in unserem Leben vorhanden ist. Je öfter wir die Übung machen, umso deutlicher erkennen wir die Dinge in unserem Leben, die uns zuarbeiten. Wir erkennen, dass das Leben bereits in vielen Bereichen im Fluss ist.

Durch Danken
vermehrt sich das Wundervolle.

Worauf man sein Augenmerk richtet, dem führt man Energie zu. Durch das Danken vermehrt man all die guten Dinge, die es bereits in unserem Leben gibt, weil man ihnen noch mehr Energie zuführt. Das Leben wird immer wundervoller, weil man sein Bewusstsein auf das Schöne in seinem Leben ausrichtet. Dankbarkeit erfüllt das Herz. Dankbarkeit macht einen zu einer reinen Quelle von Energie. Je klarer und reiner die Energie ist, desto schneller und präziser können alle unsere Wünsche wirken.

In die Gegenwart ziehen

Der grundlegende Gedanke des Dankens ist aber nicht nur, sich mit dem Universum und dem Fluss des Lebens zu verbinden, sondern auch das gewünschte Ereignis in die Gegenwart zu verlegen.
In dem Augenblick, in dem wir danken, wird der Wunsch erhört und manifestiert sich bereits. Denn Danken verlegt den Wunsch in die Gegenwart.
Es ist vergleichbar mit dem Amen am Ende eines Gebetes. Amen heißt übersetzt: »Wahrlich, gewiss!« So ist es jetzt.
Die Energien von Gebet und Wunsch sind sich ganz ähnlich. In beiden Fällen rufen wir eine höhere Ordnung an und bitten um eine Lösung. Bei beiden besiegeln oder beschließen wir sie durch das Amen oder den Dank.

Den Glauben verstärken

Der Dank beseitigt auch alle Zweifel und Sorgen. Man glaubt an die Ausführung. Man ist sich sicher. Wie im Alltag bedankt man sich auch nur für die Dinge, die bereits bestätigt sind: »Danke, dass du das für mich machst.«

Man bedankt sich also nur für das, bei dem man absolut sicher ist, dass es auch ausgeführt wird.

Mit dem Bedanken bestätigen wir unseren Auftrag. Der Wunsch ist besiegelt. Es ist wie die Unterschrift unter ein Dokument. Jetzt gibt es keinen Raum mehr für Zweifel. Das wirkt auch in den aussichtslosesten Situationen, wie Michaela und ich immer wieder erfahren durften.

Wie ich bereits erwähnt habe, haben Michaela und ich innerhalb eines Jahres zwei Autos gewonnen. Vom erstaunlichen Gewinn des Jaguars habe ich bereits erzählt. Und keine zwölf Monate zuvor war ein ganz ähnliches »Wunder« geschehen.

Der Wunsch nach einem Auto

Michaela hatte einen Unfall mit unserem alten Zweitwagen, und wir verkauften die arg verbeulte Karre. Zu diesem Zeitpunkt musste ich allerdings jeden Tag zur Vorbereitung unseres Filmes »Und das ist erst der Anfang« von Bonn nach Köln fahren. Wir brauchten also dringend einen zweiten Wagen für Michaela. Aber woher nehmen? Ganz einfach: wünschen. Anstatt uns über den Unfall zu ärgern, hießen wir die Veränderung in unserem Leben willkommen und waren bereit, ein neues Auto zuzulassen. Wie? Das sollte nicht mehr unser Problem sein.

Einige Wochen später, wir hatten den Wunsch schon längst wieder vergessen, waren wir in Köln bei einer Gala eingeladen und kauften

artig Benefizlose, aber die Ziehung ließ endlos auf sich warten. Wir wurden schließlich müde, übergaben unsere Lose einem befreundeten Paar und fuhren nach Hause.
Am nächsten Morgen weckte uns der Freund. Er würde gleich vorbeikommen, eines unserer Lose hätte gewonnen, allerdings nur etwas Kleines, aber er wollte uns unseren kleinen Gewinn gerne persönlich übergeben.
Wir machten gerade ein Casting in unserer Küche. Dort hatten wir eine kleine Kamera aufgebaut und Clelia Sarto sprach für eine Rolle in unserem neuen Kinofilm vor, als der besagte Freund bei uns auftauchte. Das Geschenk, das er hochhielt, war wirklich klein. Es war ein Schlüssel. Ein Autoschlüssel. Der passende Wagen stand in der Halle der MCM Studios zum Abholen bereit. Michaelas Losnummer war in der Nacht tatsächlich als Hauptgewinn gezogen worden.
Und das alles, ohne dass die Presse etwas davon erfahren hatte! – Es war fast gespenstisch, denn Michaelas geheimster Wunsch war es, selbst wenn sie einmal etwas Großes gewinnen würde, sollte niemand davon erfahren. Sie mag es nicht, wenn solche Dinge an die große Glocke gehängt werden.
Die Situation war wirklich nahezu grotesk. Als wir in der Halle eintrafen, waren die Handwerker bereits mit dem Abbau der Gala beschäftigt. Und inmitten des geschäftigen Treibens stand unser Auto, einsam, verlassen, vergessen und doch tatsächlich noch auf dem Präsentierteller. Niemand kümmerte sich um uns, als wir zum Wagen gingen. Es wurden keine Fragen gestellt, jeder war mit sich beschäftigt.
Wir zückten den Schlüssel, er passte. Mit klopfenden Herzen ließen wir den Wagen an. Der Motor schnurrte wie eine Eins. Michaela konnte ihr Glück gar nicht fassen. Wir stopften die ganzen Glückwunschluftballons ins Auto und fuhren, an Handwerkern und Baumaschinen vorbei, mitten im größten Tumult unbemerkt aus der

Halle. Michaela fühlte sich zutiefst dankbar und vom Universum angenommen.
Ein paar Tage später wurden uns die Papiere zugeschickt. Dieses Auto fahren wir übrigens immer noch, seit vielen Jahren ist es unser einziges.
Unser Wunsch war also wieder einmal auf wundervollste Weise erfüllt worden. Wir waren glücklich. Natürlich, wer wäre das nicht? Aber genau genommen war einfach nur das eingetreten, was wir uns gewünscht und dadurch in unser Leben gezogen hatten. Unglaublich, aber doch so einfach.

Probleme einfach abgeben

Das Danken bietet noch einen weiteren Vorteil. Das Danken bekräftigt, dass man die Suche nach der Lösung seines Problems endgültig abgegeben hat.
Das Wundervolle am *Erfolgreich Wünschen* ist, dass wir unsere Sorgen und Probleme einfach »anderen« überlassen können und dies mit dem Dank bekräftigen.
»Liebes Universum, liebe Engel, lieber Gott oder wer auch immer dafür zuständig ist, bitte kümmert Euch darum und lasst mich wissen, wenn ich etwas tun kann. Und ich erwarte klare Zeichen. Denn ich tue jetzt das, was Euch am liebsten ist. Ich lasse es mir gut gehen. Ich danke Euch für Eure Hilfe.«
Ab sofort brauchen wir uns auch nicht mehr damit zu beschäftigen. Denn das würde ja ansonsten heißen, ich zweifle an denen, die ich damit beauftragt habe. Wenn wir unsere Probleme wirklich abgegeben haben, wissen wir, man kümmert sich darum, und wir können den Tag wieder gut gelaunt genießen.

Probleme abgeben statt wälzen.

Das ist genau das, was ich seit Jahren mit meinen Sorgen mache. Ich gebe sie einfach ab. Ich grüble nicht mehr, ich rede nicht mehr ständig mit mir selbst oder in Gedanken mit anderen, ich überlege mir keine Varianten und Alternativen, ich wälze keine Probleme hin und her, ich versuche nicht, verstandesmäßig eine Lösung zu erzwingen. Ich gebe einfach ab. Und erst dann, wenn ich einen Impuls bekomme, in Aktion zu treten, tue ich es. Und siehe da, es ist meist das Richtige.
Das »Problemabgeben« habe ich übrigens auch erst lernen dürfen.

Als ich über Nacht verlassen wurde

Vor vielen, vielen Jahren war ich völlig überraschend in tiefste Verzweiflung gestürzt worden. Meine damalige Partnerin, mit der ich fünf Jahre zusammengelebt hatte, hatte einen anderen Mann kennengelernt. Sie wollte mit ihm zusammen sein. Sie verbrachte ihre Tage und Nächte mit ihm, und ich befand mich im tiefsten Unglück. Ich aß nichts mehr und konnte vor lauter Liebeskummer nicht mehr richtig schlafen. Mir zerriss es das Herz. Ich weinte, ich tobte, ich verzweifelte.
Darüber hinaus berichtete die Presse ausgiebig vom neuen Liebesglück der beiden und betrachtete mich als Verlierer, als das unnötige »fünfte Rad am Wagen«, als Versager, der die neue Liebe nur stören würde. Innerlich tief verwundet, in der Öffentlichkeit bloßgestellt, erreichte ich meinen Tiefpunkt.
Da fiel mir nach einer Woche ein Buch in die Hände, in dem unter anderem dieses Gebet stand:

Herr, gib mir die Gelassenheit,
Dinge hinzunehmen,
die ich nicht ändern kann,
den Mut, das zu ändern,
was ich ändern kann,
und die Weisheit,
das eine vom anderen zu unterscheiden.

Ich las es eher nebenbei. Was konnte mir schon ein Gebet in meiner Situation helfen?!
Am nächsten Morgen – nach zehn Tagen tiefster Verzweiflung – sprach ich dieses Gebet erneut so in Gedanken vor mich hin. In meiner Erschöpfung gab es nichts mehr festzuhalten, nichts mehr zu kämpfen. Meine Freundin wollte mit diesem anderen Mann leben, es gab nichts mehr zu ändern.
Ich gab auf. Ich war geschlagen. Ich ergab mich völlig.
Da begannen die achtlos gesprochenen Worte plötzlich ein eigenes Leben zu entwickeln. Ich war beseelt. Als hätte jemand einen Lichtschalter angeknipst, war ich erfüllt, von tiefstem Vertrauen durchflutet. Ich begann in meiner Wohnung zu tanzen, zu singen, mir etwas zu kochen, in meinem tiefsten Unglück war ich glücklich. Die Glückserfahrung war so gewaltig, dass mir vor Freude immer wieder Tränen in die Augen traten.
Dieser Zustand hielt fast ein Jahr lang an. Vom tiefen Glück durchdrungen, erlebte ich die Welt völlig neu, völlig anders. Erfüllt von diesem Getragensein, von der Verbundenheit mit dem Universum, oder Gott, oder meinem höheren Selbst, oder wie immer man das auch nennen möchte, war ich durch und durch glücklich. Alles war unwesentlich und wesentlich zugleich.

Meine Freundin kehrte zu mir zurück. Sie spürte die Kraft, die von mir ausging. Doch ich fand die ursprüngliche Liebe zu ihr nicht mehr. Ich empfand Fürsorge und Achtung, ich lernte zu vergeben und eigene Fehler anzuerkennen. Vor allem aber lernte ich, die Liebe zu mir zuzulassen und sie in jede Handlung einfließen zu lassen.

Die Presse bot mir an, ausführlich über meine Sicht der Dinge zu berichten, sie boten mir Rehabilitierung an, aber es war plötzlich nicht mehr wichtig. Ich war glücklich und erfüllt. Nein, die öffentliche Meinung war nicht mehr wichtig für mich. Wer die Wahrheit sehen wollte, würde sie sehen. Mein Verstand hätte sicherlich etwas anderes gesagt, aber ich fragte mein Gefühl, meine Intuition und bin seit diesem Tag prächtig damit gefahren.

Erst viel später wurde mir bewusst, was mein Glücksgefühl ausgelöst hatte: Ich hatte meine Sorgen einfach abgegeben. Alle Last war von mir abgefallen. Von diesem Moment an konnte ich mein Leben frei und ungezwungen neu gestalten. Ich konnte mein Leben genießen. Es gab nichts, was ich erzwingen musste. Für mich wurde doch gesorgt. Warum sich über etwas bekümmern, was man nicht ändern kann? Verlorene Liebesmüh und Verschwendung von Energie. Ich konnte all meine Energie für die Gestaltung des Schönen in meinem Leben verwenden.

Durch dieses Erlebnis erfuhr ich, dass die meisten Probleme seltsamerweise nur für unseren Verstand welche sind. Denn fast immer hat sich das, was ich zunächst als negativ empfand, später als zu meinem Besten herausgestellt.

Egal ob es die verpasste Straßenbahn war, das abgelehnte Drehbuch oder die Zurückweisung meiner Partnerin: Dahinter wartete stets etwas Größeres und hat mich zu einem neuen fantastischen »Wunder« geführt.

Alles geschieht zu meinem Besten.

Das ist die tiefe Gewissheit, die ich seitdem habe. Alles Unangenehme, »Negative« ist nur eine Korrektur, die mich wieder zurück zu meinem Weg ins Glück führt.
Durch das Drama der Liebe wurde ich wieder frei für eine andere Partnerin und habe auf diese Weise Michaela kennengelernt – das größte Glück in meinem Leben.
Interessanterweise hatte Michaela ebenfalls bereits reiche Erfahrung mit dem Wünschen, als wir uns kennenlernten. Und was für Wünsche das waren! Für sie gab es keine Grenzen.
Sie wünschte sich ein Essen mit einem Oscarpreisträger? Die Aufnahme in die beste Schauspielschule Europas? Eine Hauptrolle in einer Serie? Dann die Hauptrolle in einer zweiten Serie. Gibt es überhaupt Grenzen? Für Michaela nicht. Aber das soll sie lieber selber erzählen.

Michaelas Wunschfabrik, Teil Zwei

Nur 12 von 600 werden genommen

Als ich endlich die Schule hinter mich gebracht hatte, wollte ich meinen Wunsch, Schauspielerin zu werden, Wirklichkeit werden lassen. Ich wälzte Aufnahmebögen und entschied mich für die beste Schauspielschule. Das war das Max-Reinhardt-Seminar. Bewerben konnte sich jeder, aber nur ganz wenige hatten eine Chance, genommen zu werden. Es gab 600 Bewerber für das Max-Reinhardt-Seminar und nur 12 wurden genommen.
Da erinnerte ich mich wieder an meine Wunschkraft. Mein Wunsch, dort aufgenommen zu werden, war so stark, dass ich ständig das

gewünschte Ziel visualisierte. Ich übte wie eine Besessene meine Vorsprechrollen, und jeden Abend stellte ich mir die Aufnahmeprüfungssituation bildlich vor und visualisierte, wie ich jubelnd vor Freude über die Nachricht, dass ich bestanden hätte, in die Luft springen würde.

Die drei Tage Aufnahmeprüfung waren wirklich hart und in jeder Runde »flogen« die Kandidaten zu Hunderten raus. Ich hatte es bis in die Finalrunde geschafft, aber meine Nerven lagen blank.

Trotzdem blieb ich felsenfest bei meiner Visualisation. Ich wollte mit jeder Faser meines Seins auf diese Schule. Ich affirmierte meinen Wunsch, dass ich genommen werden würde, wie eine Litanei in der letzten Phase unentwegt vor mich hin.

**Ich war bereits dankbar,
dass sich mein Wunsch erfüllt.**

Als dann die Nummern der Kandidaten zwei Wochen später im Büro angefragt werden konnten und meine Nummer dabei war, war ich wieder im (positiven) Schock. Ich war unter den Zwölfen, die es geschafft hatten! Immer wieder rief ich im Büro an, ob sie sich nicht in der Nummer – ich war Nummer 128 – geirrt hätten. Kein Zweifel, ich war aufgenommen.

Ich schwebte wie auf Wolken und konnte es nicht fassen.

Als einer meiner Schauspiellehrer, Karl Heinz Hackl, mich später auf meine Aufnahmeprüfung ansprach, sagte er: »Du warst so überzeugt davon, dass wir dich nehmen würden, wir MUSSTEN dich einfach nehmen.«

Meine Visualisierungskraft wurde erst einmal von meiner Ausbildung in den Hintergrund gedrängt. Aber drei Jahre später war es wieder so weit. Ich weiß noch wie heute, wie ich in meinem kleinen Zimmer auf dem Bett lag und mir einfiel, dass ich mir schon lange

nichts gewünscht hatte. Gleichzeitig zweifelte ich aber wieder einmal an meiner eigenen Fähigkeit, meine Realität wirklich auf diese Weise bestimmen zu können.
Hatten sie mich auf dem Max-Reinhardt-Seminar wegen meines Könnens oder wegen meines »Wünschens« angenommen? War die ABBA-Platte Zufall oder Gedankenkraft gewesen?

Ein Abendessen mit Peter Ustinov

Diesmal wollte ich Gewissheit haben. Ich wollte das Schicksal herausfordern und mir etwas wünschen, an das ich als unbedeutende Schauspielschülerin nicht so leicht rankam. Ich dachte so vor mich hin, was für Vorbilder ich doch hätte und wen ich gerne kennenlernen würde. Da kam mir Peter Ustinov in den Sinn. Also wünschte ich mir, Peter Ustinov kennenzulernen! Da die lieben Engel mir diesen Wunsch sicher nicht erfüllen konnten, vergaß ich ihn sehr schnell wieder.
Monate später, ich war gerade bei meiner besten Freundin in Berlin zu Besuch, las ich in der Zeitung, dass Peter Ustinov in seinem eigenen Stück »Beethovens 9te« die Hauptrolle am Schillertheater spielen würde und dass heute Abend eine Vorstellung lief! Mir klopfte das Herz bis zur Kehle. Ich dachte mir: »Das kann nicht sein, da gehst du jetzt nicht hin.« Die andere Michaela in mir sagte: »Das hast du dir doch gewünscht, erinnerst du dich? Du wolltest ihn doch treffen.« Meine zweifelnde Stimme sagte: »Na klar, ausgerechnet mit dir wird er sich abgeben! Du kommst doch gar nicht an ihn ran! Der hat doch sicher lauter Bodyguards um sich rum, du machst dich total lächerlich.«
In mir tobten die Gedanken. Schlussendlich wollte ich es doch wissen, ob es funktionierte, und kaufte mir eine Theaterkarte.

Noch während der Vorstellung bedankte ich mich bereits in Gedanken für die Erfüllung.

Nach der Vorstellung ging ich zum Bühnenausgang und wartete. Bei jedem Bühnenausgang sitzt ein Pförtner, der unbefugte Personen nicht reinlässt. Aus unerfindlichen Gründen konnte ich an ihm vorbeimarschieren und so tun, als ob ich auf einen Freund von mir wartete. Ich starrte auf die Informationen, die in der Vitrine ausgestellt waren. Die Buchstaben verschwammen vor meinen Augen, ich war angespannt bis aufs Äußerste. Es dauerte eine Ewigkeit, bis ich eine Stimme hörte, die ihm gehören musste.
Ein paar Autogrammjäger schoben sich zu ihm hin, und er unterschrieb geduldig. Ich blieb im Hintergrund stehen, um nicht als Autogrammjägerin zu gelten, das wäre mir doch zu peinlich gewesen. Als alle weg waren, standen nur er und ich noch da. Irritiert, dass ich kein Autogramm wollte, aber auch sonst keine anderen Anstalten machte, sondern ihn nur anstarrte, brach er das Schweigen und fragte mich: »Haben Sie schon etwas gegessen?« Ich fiel aus allen Wolken und stotterte: »Ja, ich meine Nein!« »Würden Sie mir die Freude machen, mir Gesellschaft zu leisten?« Ich saß wie betäubt neben ihm im Auto, und wir fuhren zu einem Restaurant, wo wir Spargel mit Butterkartoffeln aßen, Erdbeeren mit Schlagsahne und uns köstlich in den verschiedensten Dialekten und Sprachen unterhielten.
Als er mich auch noch ins Hotel fuhr und sich wie ein Gentlemen verabschiedete, war ich mit meiner Wunschkraft mehr als zufrieden. Ich hatte einen Abend mit Sir Peter Ustinov verbracht!
Dieses Erlebnis hat mich ein für alle Mal von meinen Zweifeln erlöst! Ich wusste nun definitiv, dass der Glaube Berge versetzen kann und dass das Vertrauen in die eigene Kraft immer belohnt wird.
Wünschen gehört seit diesem Abend zu etwas ganz Alltäglichem in meinem Leben. Meine Wunschkraft setze ich jedoch immer nur für

etwas ein, was zum Wohle aller ist, und ich sage auch immer dazu: »... aber nur, wenn es in meinem göttlichen Plan ist.« Seitdem kann ich mich über unzählige Wunder in meinem Leben freuen.
Als vollkommen unbekannte Theaterschauspielerin habe ich mir zum Beispiel eine Hauptrolle in einer Serie gewünscht – und bekommen: die Lisa im »Salzbaron«. Und bald darauf die Titelrolle in der Serie »Katrin ist die Beste«.
Für Pierre und mich ist *Erfolgreich Wünschen* ein stets fließender Prozess, alle Möglichkeiten dieser Erde in unser Leben einzuladen.

Die wahren Grenzen sind im Kopf.
Wir glauben immer nur, dass andere uns begrenzen.
In Wahrheit sind es immer nur wir selbst.

Wir begrenzen uns durch unsere Gedanken, Meinungen und Überzeugungen. Wir befürchten oftmals das Schlimmste und tauchen für lange Zeiten in irgendwelche Sorgen ab. Wir wissen ja nun, was sich dann in unserem Leben realisiert: unsere Meinungen, Überzeugungen und unsere Sorgen.
Da stellt sich natürlich rasch die Frage, warum wir uns überhaupt solchen Gedanken hingeben.

Warum machen wir uns so gerne Sorgen?

Es ist doch seltsam: Manchmal scheint es so, als ob sich unser Gehirn geradezu *gerne* mit sorgenvollen Gedanken beschäftigt. Es fühlt sich so an, als ob unser Gehirn Sorgen, Zweifel, Schuld- und Schamgefühle geradezu braucht!
Warum ist das so?

Nun, laut Studien des Neurowissenschaftlers Alex Korb von der UCLA ist es nicht verwunderlich, dass wir diese Gefühle so gerne immer wieder hochholen oder auch im Alltag immer wieder daran denken. Es ist kaum zu glauben, aber ...

Schuldgefühle und Schamgefühle aktivieren ähnliche neuronale Abläufe im Gehirn wie das Gefühl von Stolz.

Sie aktivieren das Belohnungszentrum des Gehirns.
Erstaunlich, nicht wahr?
So unterschiedlich Schamgefühle, Schuldgefühle und Stolz auch sind – sie bewegen sich in ähnlichen Gehirnregionen. Wenn wir uns viele Sorgen machen, fühlen wir uns kurzzeitig etwas besser, weil wir wenigstens »etwas« für die Situation tun. »Etwas« zu tun ist besser, als »gar nichts« zu tun.
Da »sich Sorgen machen« unser Belohnungszentrum aktiviert, wird unser Gehirn natürlich ständig bemüht sein, eine »Belohnung« zu bekommen, und ganz viele sorgenvolle Dinge in der Außenwelt »sehen«, um immer wieder dieses Gefühl von Erleichterung zu erschaffen, wenn die Sorgen sich nicht bewahrheiten.
Hast du etwas gemerkt?
Diese Sorgen sind gar nicht da! Sie existieren gar nicht! Sie werden von uns *gemacht.*

Unser Gehirn »macht sich Sorgen«, um sich zu belohnen.

Unser Gehirn will sich schämen und schuldig fühlen, weil es dann wenigstens etwas zur Lösung beiträgt – und genau das ist der Trugschluss.

Da unsere Gedanken unsere Gefühle beeinflussen und unsere hormonelle Ausschüttung in die Richtung unserer Gedanken geht, haben wir das *wahrhaftige* Gefühl, wir würden in einer deprimierenden Welt leben. Wenn dann jemand versucht, uns aus diesem Gefühl herauszuholen, sträuben wir uns wie eine Katze vor dem Wasser und sagen: Nein!!! Neeeein! Schau mal, die Kriege, die Terroristen, das Geld, die Weltordnung – wir beharren auf unserem *wahrhaftigen* Gefühl, als ob es tatsächlich Realität wäre. Das ist es aber nicht! Wir haben diese Pseudorealität durch eine Verkettung von Gedanken selbst »gestrickt« und kommen jetzt aus dem »mentalen Pullover« nicht mehr heraus.

Unser Gehirn will uns da auch nicht rauslassen – denn es macht ja »Spaß«, belohnt zu werden.

Wir fangen an, sogar *stolz* auf unseren kritischen, hinterfragenden Verstand zu sein. Jeder andere, der sich keine Sorgen macht, lebt mit dem »Kopf in den Wolken«, hat eine »rosarote Brille« auf und ist »realitätsfremd«.
Wie können wir nun aus dieser perfekten Illusion wieder herauskommen, damit wir unser Belohnungszentrum mit etwas anderem als »Sorgen, Scham- und Schuldgefühlen« füttern?
Die Lösung ist so einfach, dass wir sie oftmals nicht glauben wollen. Unser Verstand wird jetzt sagen: »Ernsthaft? So leicht? Das kann ich mir nicht *vorstellen.*«
Tja, der Verstand kann es sich auch nicht vorstellen, denn der »stellt sich ja andere Dinge vor«. Der Verstand wird uns also nicht helfen. Wir »kriegen« das Problem nur am Schopf gepackt, wenn wir über das *Gefühl* gehen. Das Gefühl wird uns helfen, diesen Kreislauf zu durchbrechen.

Nehmen wir doch gleich das effektivste Gefühl, dass sich auch noch sehr leicht herstellen lässt: das Gefühl der *Dankbarkeit*.
Es gibt also noch einen weiteren wesentlichen Grund, das Geschenk der Dankbarkeit anzuwenden.

Durch Dankbarkeit werden wir glücklich

Neurowissenschaftler haben herausgefunden, dass das Gefühl der Dankbarkeit die Ausschüttung des Neurotransmitters Dopamin auslöst. Dopamin ist ein Antidepressivum. Wenn wir dankbar sind, tun wir also *aktiv* etwas für unser Wohlbefinden.
Es geht sogar noch weiter: Wenn wir Dankbarkeitsgefühle gegenüber *anderen Menschen* empfinden, dann werden wir sogar noch glücklicher und genießen das soziale Zusammensein noch mehr, denn dadurch wird das »soziale« Dopamin-System im Gehirn aktiviert.[3]
Viele industriell hergestellten Antidepressiva zielen genau darauf ab: die Ausschüttung von Dopamin und Serotonin im Gehirn zu erhöhen.

Dankbarkeit aktiviert also nicht nur die Dopaminausschüttung, sondern sie aktiviert auch die Serotoninausschüttung.

Um in das Gefühl der Dankbarkeit zu kommen, ist folgende kleine Übung sehr hilfreich:

Übung: Dankbarkeit üben

- Denke einfach an die vielen kleinen Dinge im Leben, für die du dankbar sein kannst.

[3] Siehe: http://www.zeit.de/zeit-wissen/2013/04/psychologie-soziale-anerkennung

- Erinnere dich an Momente und Situationen in deinem Leben, für die du wirklich dankbar bist.
- Diese einfache kleine Handlung führt schon zur Ausschüttung von Serotonin in deinem Gehirn.
- Es kann sein, dass dir zu Beginn noch nicht so viel einfällt – klar, dein Verstand ist es nicht mehr gewöhnt. Mach einfach weiter! Bereits nach kurzer Zeit werden dir mehr und mehr Dinge einfallen.
- Denke daran: Auch das Empfinden von Dankbarkeit braucht ein bisschen Übung.
- Schreibe dir alle Punkte auf.
- Lies dir diese Liste so oft durch, wie du magst. Auch das Lesen beschenkt dich mit Glückshormonen.

Genau mit diesem gedanklichen Prozess des Suchens nach Dingen, für die wir dankbar sein können, fokussiert sich unser Gehirn wieder auf das Positive im Leben. Dadurch wird das Belohnungszentrum im Gehirn aktiviert. Und nach »dem Gesetz der Resonanz« kann sich nun unser Glücklichsein auf alle Aspekte unseres Lebens auswirken.

Um eine schnelle Entwicklung zu fördern, ist es wichtig, dieses kleine Dankbarkeitsritual in deinen Tagesablauf einzubinden.
Nimm jeden Abend vor dem Zubettgehen dein kleines Dankbarkeits-Büchlein zur Hand und lass den Tag Revue passieren.
Finde mindestens fünf Dinge, für die du an diesem Tag dankbar sein kannst – kleine Dinge, mittlere Dinge, große Dinge.
Du kannst auch das kleine Dankbarkeitstagebuch in unserer *Erfolgreich Wünschen-APP 3.0* zur Hand nehmen, um die Dinge, für die du heute dankbar bist, dort hineinzuschreiben.

Lass es zu einem Ritual werden – zu einer Gewohnheit – um deinem Gehirn zu zeigen, dass dein Leben lebenswert ist.
Belohne dich sooft du magst mit der Ausschüttung von Hormonen, weil du den Alltag so erfolgreich gemeistert hast.

Regel 4
Den Verstand überzeugen

Aus unserer Kindheit haben wir gelernt, wie wir einen Wunsch am ehesten erfüllt bekommen: betteln, quengeln und so lange schreien, bis wir den Lutscher endlich bekommen.
Beim Wünschen aber läuft es genau umgekehrt: Wir betteln nicht, wir weisen nicht darauf hin, was uns alles fehlt und wie unglücklich wir deswegen sind – ganz im Gegenteil:

Wir wissen,
dass wir das bekommen, was wir wünschen,
dass es uns zusteht und
dass es immer zur Verfügung steht.

Das bedeutet für die meisten von uns, erst mal umzudenken: Wieso steht alles immer zur Verfügung? Warum funktioniert das Wünschen überhaupt?
Ich habe bisher die Metapher vom Universum als einem riesigen »Versandhaus« benutzt; nun wollen wir uns ein wenig mit den physikalischen Hintergründen beschäftigen, damit auch unser Verstand davon überzeugt ist, dass unsere Wünsche tatsächlich erfüllt werden. Keine Sorge, schwierig wird das nicht, nur spannend. Das meiste davon haben wir schon im Physikunterricht gehört. Damals war es vielleicht trockener Lernstoff, der keinen Bezug zu unserem Leben hatte. Nun erhalten die Fakten ein neues Leben. Miteinander verbunden ergeben sie ein völlig neues Bild der Wirklichkeit. Also nur

Mut, lass dich auf diese Reise ein, in die Welt jenseits des Sichtbaren. Für unseren Verstand ist diese Reise unerlässlich, damit *Erfolgreich Wünschen* für ihn »verständlich« wird und er unsere Bemühungen künftig unterstützt.

Ein bisschen Physik

Alles ist Energie. Es gibt nichts anderes als Energie. Auch Materie ist reine Energie. Auch wir Menschen bestehen ausschließlich aus Energie. Ebenso sind Gedanken, Gefühle, Emotionen, Ereignisse und Situationen nur verschiedene Erscheinungsformen von Energie. Woraus besteht dann Materie? Aus winzig kleinen Teilen, die man Atome nennt. Die Gegenstände unterscheiden sich grundsätzlich nur dadurch, aus welchen Atomen sie zusammengesetzt sind und wie diese angeordnet sind. Alle Materie auf dieser Welt ist nur aus diesen Atomen zusammengebaut. Atome binden sich an andere Atome, gehen größere Verbindungen ein oder trennen sich wieder.
Atome lassen sich in noch kleinere Elementarteilchen aufteilen, im Wesentlichen in Protonen, Neutronen und Elektronen. Wir können uns das vereinfacht so vorstellen: Zwischen den Protonen und Neutronen, die den Atomkern bilden, und den Elektronen, die auf Kreisbahnen darum kreisen, ist viel leerer Raum. Unvorstellbar, aber wahr: Wäre der Kern eines Atoms so groß wie eine Erbse, wäre die Elektronenhülle 170 Meter entfernt. Das meiste, was wir also »sehen«, ist nur Leere. Dennoch nehmen wir es als Materie wahr. Wir nehmen es jedoch nur so wahr, in Wirklichkeit ist es nicht so.

Nichts ist so, wie wir es sehen.

Wir nehmen nur die verschiedenen Schwingungen auf und verarbeiten die Informationen in unserem Gehirn zu einer festen Vorstellung. Wir »übersetzen« sie. Nachdem fast alle Menschen sie ganz ähnlich übersetzen, zumindest nehmen wir das an, »sehen« und »spüren« wir die Dinge auch ganz ähnlich.
Farben zum Beispiel existieren so, wie wir sie wahrnehmen, in Wahrheit gar nicht. Schwingungen gelangen in unser Auge, werden dort in elektrische Impulse umgewandelt, und unser Gehirn produziert das, was wir »sehen«. Die unterschiedlichen Farbfrequenzen erzeugen sogar Gefühle in uns, sie bringen etwas in uns zum Schwingen. Daher empfinden wir manche Farben als kalt oder warm, obwohl das Material selber immer die gleiche Temperatur besitzt.
Alles besteht also aus Atomen, diese wiederum aus Elementarteilchen und diese sind wiederum eine enorme Ansammlung von Energie.
Erst wenn wir verstehen, dass jeder Gegenstand dieser Erde, jeder Mensch und jede Situation nur Energien in verschiedenen Formen sind, können wir begreifen, auf welche Weise wir Materie beeinflussen können.
1933 beobachteten die Physiker Marie und Pierre Curie, wie Materie aus dem »Nichts« entstehen kann. Sie entdeckten wissenschaftlich, dass sich Energie in Masse umwandeln lässt.
Hier kommt nun für unser *Erfolgreich Wünschen* ein ganz wichtiges Element mit ins Spiel: Energie lässt sich lenken, und zwar durch Gedankenkraft. Unsere Gedanken sind so etwas wie eine Laserpistole, die die Energie auf einen Punkt richten kann. Das Licht einer Glühbirne und das eines Lasers unterscheiden sich im Wesentlichen dadurch, dass das eine diffus ist, die Photonen schwirren in alle Richtungen, und das andere zielgerichtet. Genauso lenkt unsere Gedankenkraft die immer und überall vorhandene Energie, sodass sie sich in einer bestimmten Form verdichtet.

- Nichts ist so, wie wir es sehen.
- Materie ist Energie, entsteht durch Energie und wird durch Energie in ihrem Zustand gehalten.
- Keine Energie, keine Materie.
- Energie kann gelenkt werden.
- Jeder Gedanke ist reine Energie und wirkt seinerseits auf die Energie ein.

Wenn Energie Materie entstehen lässt und Gedanken pure Energie sind, entstehen um uns herum ständig Dinge, die wir materialisieren. Denn schließlich denken wir ständig. Um nun konkret unsere Wünsche in unser Leben zu ziehen, müssen wir nur folgende Dinge tun:

- Die Kraft der Gedanken nutzen.
- Uns resonanzfähig für das machen, was wir uns wünschen.

Dafür machen wir uns zwei Gesetze zunutze.

1. Das Gesetz der Energie-Erhaltung

Es gibt ein physikalisches Grundgesetz, auf dem sich unser gesamtes Leben aufbaut. Es besagt, wie wir bereits gehört haben, dass jede manifestierte Erscheinungsform aus Energie besteht und sich in eine andere Form umwandeln lässt. Es besagt aber auch, dass Energie niemals verloren gehen, sondern sich nur wandeln kann. Sie kann sich verändern, sich transformieren, aber niemals »in Luft« auflösen.
Der Naturphilosoph Demokrit (460 – 371 v. Chr.) entdeckte, dass nichts auf dieser Welt wirklich verschwinden kann, sondern sich immer nur verändert. Auf diese Theorie stützt sich unsere heutige Physik. Was bedeutet dies nun für unser *Erfolgreich Wünschen*?

Genauso wie Materie sich in andere Formen oder in für uns unsichtbare Energie umwandeln kann, so kann sich auch eine zuerst unsichtbare Energie zu Materie verwandeln. Und diese Umwandlung der Formen können wir beeinflussen.
Es ist immer nur die Energie, die neue Formen schafft. Energie wird durch Bewusstsein gelenkt und gehalten.

Was wir denken, materialisiert sich.

Das kann auch das scheinbar Unmögliche sein. Wie zwei Autos innerhalb eines Jahres zu gewinnen, die große Liebe seines Lebens zu finden, den richtigen Job, die ideale Wohnung oder auch nur eine gebrauchte Waschmaschine.
Denn jeder Wunsch ist Energie. Er wird ausgesandt und will sich konkretisieren, sich also in Materie wandeln. Je intensiver die Gedanken sind, die ausgesandt werden, desto kraftvoller ist die Energie. Je stärker emotional geladen sie sind, desto mehr Schubkraft erhalten sie.
Leider ist das auch im Negativen so. Auch negative Gedanken wollen sich verfestigen. Der Energie ist es egal, was wir denken. Sie unterscheidet nicht zwischen gut und schlecht, sie kennt keine Moral und bewertet auch nicht. Der Energie ist es egal, zu was sie sich formt. Sie tauscht Formen einfach nur aus. Sie gehorcht dabei dem Grundsatz:

Energie folgt immer der Aufmerksamkeit.

Sind wir unglücklich, senden wir sehr oft negative Gedanken in den Kosmos: »Ich bin so unglücklich.« »Mir geht es so schlecht.« »Niemand liebt mich.« »Ich bin zu bedauern.« »Es ist alles hoffnungslos.« – All das sind energetische Befehlssätze für das Universum. Unser Unglück wird sich verstärken.

Das gleiche Prinzip kann aber auch für uns arbeiten. Die gedankliche Energie wird ausgesandt und verdichtet sich. Verschiedene Energien finden sich zusammen, Menschen schnappen sie auf, halten sie für eigene Ideen, basteln und arbeiten daran, und plötzlich stehen der gewünschte Partner, das erhoffte Ereignis oder der lang ersehnte Gegenstand vor der Tür. Alles nur eine Form von Energie.
Genau genommen gibt es in unserer Welt ein unglaubliches Angebot an allem. Es ist lediglich eine Frage der Verteilung. Es ist alles da. Für jeden. Auch für uns. Es ist nur eine Sache von Angebot und Nachfrage. Je nachdem, was wir energetisch nachfragen, wird es so verteilt oder gebaut, dass es in unser Leben eintritt.
Leben wir in einer Welt des Mangels, haben wir eben diesen Mangel bestellt. Was wir bekommen ist das Erleben von Mangel, während unser Nachbar vielleicht im Reichtum schwelgt, weil er ganz einfach nur nach Reichtum in seinem Leben gefragt hat.
Haben wir erst einmal verstanden, dass es von allem alles gibt und unsere Wirklichkeit sich nur danach richtet, wonach wir fragen, so wird sich unser Leben komplett anders gestalten. Denn die Energie kann jede Form annehmen.

Alles ist im Überfluss vorhanden,
doch verteilt wird es nur nach Nachfrage.

Wünschen ist nichts anderes als eine gigantische energetische Tauschbörse: gesucht – gefunden. Wir geben Energie, wir empfangen Energie. Wir bauen unsere Welt nach unserer Vorstellungswelt. Wir formen, wir verdichten, wir behindern oder zerstören. Energie ist immer da, und wir können sie nach unserem Willen formen oder unserem Wunsch entsprechend zu uns ziehen.
Hier kommt nun das Gesetz der Resonanz ins Spiel.

2. Das Gesetz der Resonanz

Es besagt, dass Gleiches immer Gleiches anzieht. Ungleiches dagegen stößt sich ab. Gleiches wird durch Gleiches sogar verstärkt. Es resoniert.
Wir kennen das vom Klavier. Schlägt man eine Saite an, beginnen die gleichgestimmten Saiten ebenfalls zu schwingen, während andere, auf eine andere Frequenz gestimmte Saiten davon vollkommen unberührt bleiben.
Unsere Gedanken sind ebenfalls Energien, die auf einer ganz bestimmten Frequenz schwingen. Was immer wir also denken, wir bringen Gleichschwingendes in Bewegung.
Dies funktioniert natürlich auch umgekehrt. Alles, was dort draußen in der Welt mit unseren Gedanken gleich schwingt, bringt auch uns in Bewegung. Unsere Gedanken sind wie unsichtbare Magnete, die all das anziehen, was ihnen ähnlich ist.
Warum bekommen gerade die, die bereits am meisten haben, noch mehr dazu? Weil sie so denken. Weil in ihrer Gedankenwelt nichts anderes existiert. Weil sie in der Schwingung von Reichtum leben.

Erfolg zieht Erfolg an,
Unglück noch mehr Unglück.

Wenn wir verliebt sind, läuft zusätzlich zu unserem Liebesglück auch noch alles andere besser. Natürlich, weil wir die Welt mit positiven Augen betrachten. Positive Gedanken erschaffen eine positive Welt. Alles scheint uns nun zu gelingen. Unsere Sätze lauten nun. »Ich bin so glücklich.« »Die ganze Welt liegt mir zu Füßen.« »Alles geht gut.« Und tatsächlich, die Welt liegt uns wirklich zu Füßen, weil der Kosmos auch diese Sätze auffängt und bearbeitet.
In dem Moment jedoch, wo wir unsere Meinung ändern und uns nicht mehr von Liebe getragen fühlen, betrachten wir die Welt kri-

tischer und unsere Glaubenssätze lauten nun ganz anders: »Er liebt mich nicht.« »Sie betrügt mich bestimmt.« »Mich kann man auch gar nicht lieben.« »Ich bin nicht schön.« »Ich fühle mich klein und hässlich.« »Die ganze Welt ist gegen mich.«
Und entsprechend der Veränderung unserer Glaubenssätze wird sich innerhalb kurzer Zeit das Erleben komplett ändern. Man bekommt die Bestätigung seiner Gedanken, ohne zu wissen, dass man selbst der wahre Verursacher ist. Wenn wir uns einmal einen Tag lang beobachten, können wir feststellen, wie viele solcher »Befehlssätze« wir doch fast ständig innerlich aussprechen.
Schwingung ist Schwingung und resoniert mit unseren Gedanken und Einstellungen. Das gilt natürlich für alle Bereiche, ob positiv oder negativ.
Schwingt etwas vollkommen anders als wir, werden wir es überhaupt nicht wahrnehmen. Was aber nicht bedeutet, dass es das für andere Menschen ebenfalls nicht gibt oder dass es generell nicht existiert.

Ein bisschen Biologie dazu

»Ich glaube nur, was ich wirklich sehe«, »Energie, Schwingung – das musst du mir erst mal zeigen«, diese und ähnliche Sätze bekommen wir immer wieder von den eingefleischten »Realisten« zu hören. Der Witz daran ist, sie sind auch noch stolz darauf. Wieso das ein Witz ist und was wir unserem eigenen Verstand erklären können, wenn er uns gelegentlich mit solchen Sprüchen verunsichert, erfährst du bei diesem Ausflug in die Biologie.
Tatsache ist, wir können nur den kleinsten Teil der Wahrheit, die uns umgibt, mit unseren Sinnesorganen erkennen.

- Mit unseren Augen können wir nur acht Prozent des vorhandenen Lichtspektrums sehen.

Wir können die Wahrheit nicht erkennen.

Das heißt, 92 Prozent der Wirklichkeit verschließen sich vor unseren Augen. Und bei den anderen Sinnesorganen sieht es noch schlechter aus.

Obwohl wir wissen, dass es diese 92 Prozent gibt, tun wir so, als wären sie gar nicht vorhanden. Und das nur, weil wir sie nicht wahrnehmen können. Wir vertrauen unserer Wahrnehmung also mehr als der tatsächlichen Wirklichkeit.

Halten wir einmal fest: Unsere »Wahr«-nehmung ist also gar nicht wahr. Es gibt eine Geschichte dazu, die das gut veranschaulicht: Einige Blinde berühren einen Elefanten. Derjenige, der ein Bein berührt, sagt: »Ein Elefant ist rund und hart«, ein anderer berührt den Rüssel und meint: »Ein Elefant ist dünn und fliegt ständig hin und her«. Genauso bilden wir uns ein Bild: Das wenige, was wir wahrnehmen, ergänzen wir zu einem eigenen Bild und sind dann davon überzeugt, das sei die Wirklichkeit.

Und nach welchen Kriterien formen wir das Bild?

Nach dem, was wir bereits kennen!

Wie verhält es sich nun mit den Dingen, die wir zumindest dank unserer Sinne erkennen könnten? Wie gehen wir also mit den »wenigen« acht Prozent um, die wir wahrnehmen können? Nehmen wir sie wirklich alle auf?

Was wir nicht wahrnehmen, existiert für uns nicht.

Auch wenn es nur acht Prozent der Wirklichkeit sind, so sind dies trotzdem noch Millionen von verschiedenen Einflüssen pro Tag.

Töne, Geräusche, Bilder, Gedanken, Gespräche, Musik, Lärm, wir reagieren auf Gefahr, Emotionen, Hektik und Schnelligkeit, beantworten Briefe, Telefonate, E-Mails, fällen Entscheidungen für uns und andere, lesen Bücher, Illustrierte, Fachmagazine, werden bombardiert mit Werbung, erleben Enttäuschungen und Zurückweisungen und interagieren mit anderen Menschen.
Informationen über Informationen müssen täglich verarbeitet werden. Über die allerwenigsten können wir uns wirklich Gedanken machen. Denn sich über etwas Gedanken zu machen, bedeutet sich Zeit dafür zu nehmen. Aber gerade Zeit ist das, was wir nur begrenzt haben.
Aus diesem Grund will und kann der Verstand nicht alles verarbeiten, das würde schlicht seine Kapazität sprengen.
Deswegen schaltet er für viele Dinge einfach ab. Hauptsächlich sind dies Dinge, die er bereits kennt und die ihm vertraut sind. Warum sollte er bei jedem herannahenden Auto auf Alarm schalten? Das meiste, was wir kennen, wird also ganz selbstverständlich und unbewusst ausgeblendet, damit wir genügend Zeit für die Dinge finden, die uns wichtig sind.
Steht man zum Beispiel an einer Bushaltestelle, wird man mit Sicherheit später nicht mehr sagen können, wie viele Autos vorbeigefahren sind. Es war einfach nicht wichtig genug, um sich damit zu befassen. Ebenso nicht, welche Personen wann ein- oder ausgestiegen sind oder wie viele Passanten die letzte Ampel überquert haben.
Vielleicht haben wir unsere Wahrnehmung auf die Zeitung fokussiert oder waren in Gedanken noch bei unserem Partner oder bereits beim zukünftigen Meeting im Büro.

Wir nehmen immer nur einen kleinen Teil der erfassbaren Welt bewusst wahr.

Und zwar den, den wir für uns als wichtig und richtig erachten. Unbewusst nehmen wir pro Sekunde ca. *11.000 Eindrücke* auf und speichern sie in unserem Gehirn, ohne dass wir etwas davon wissen. Bewusst nehmen wir pro Sekunde nur *neun Eindrücke* wahr. Das bedeutet, unser Unterbewusstsein speichert unzählige Dinge, von denen wir gar nichts wissen. Bewusst nehmen wir nur ein Tausendstel der auf uns einströmenden Dinge wahr.

Von den acht Prozent aller Dinge
nehmen wir abermals nur ein Tausendstel bewusst wahr
und halten dies für die allumfassende Wahrheit.

Die Realität, die wir erleben, ist also verschwindend klein im Vergleich zu der Realität, welche uns insgesamt umgibt. Wir können die Welt nicht in ihrer ganzen Fülle wahrnehmen. Wir entscheiden uns jeden Tag tausendfach, bewusst und vorwiegend unbewusst, worauf wir unsere Wahrnehmung lenken. Alles andere existiert für uns nicht. Haben wir gewisse Dinge lange genug aus unserem Leben ausgeblendet, glauben wir nicht einmal, dass sie für andere existieren können. Das ist aber nicht die Wahrheit! Das ist nur der Versuch des Verstandes, sich aus drei Mosaiksteinchen ein Bild zu basteln. Die weiteren tausend ebenfalls herumliegenden Mosaiksteinchen nimmt er nicht wahr, sie passen nicht ins Bild. Auf diese Weise bestätigt er sich selbst, dass seine Wahrnehmung richtig ist, und spiegelt uns vor, dass es nichts anderes gibt als das, was wir erleben.

»Ich habe nicht das geringste Molekül Zuversicht,
dass es eine andere Luftschifffahrt geben wird
als die mit einem Ballon.«
LORD KELVIN, PHYSIKER

Was aber tun, wenn wir ein facettenreicheres Bild haben wollen, wenn wir in einer bunteren Wirklichkeit leben möchten, die uns mehr Möglichkeiten bietet? Wenn wir eine andere Realität in unser Leben einladen wollen?
Das Erste ist, uns bewusst zu machen, dass es tatsächlich mehr gibt, als wir bisher wahrgenommen haben. Der Verstand nimmt neue unbekannte Dinge erst dann in tiefere Schichten auf, wenn er sie mindestens dreimal gehört oder gelesen hat. Daher ist es für den Verstand gut und wichtig, dieses Kapitel des Öfteren zu lesen. Das hilft ihm, sich aus seinen eingefahrenen Denkmustern zu lösen.
Das Zweite ist, unsere Aufmerksamkeit auf die gewünschten Bereiche zu lenken. Wir müssen also andere Gedanken zum Schwingen bringen, damit sich in unserem Leben anderes, Neues ereignet.

Die Schwingungsfrequenz erhöhen

Das ist wie das Verstellen eines Senders im Radio. Wir drehen ein bisschen an unserer eigenen Frequenz, mit der wir Dinge hereinlassen.
Aber wie machen wir das?
Wir können zum Beispiel unsere Schwingung erhöhen, indem wir an schöne Dinge denken oder heilige Namen intonieren. Allein das Singen des heiligen Wortes »OM« oder das Wiederholen von positiven Affirmationssätzen hebt unsere gedankliche Schwingung in Bereiche, die wir bisher nicht kannten, und lässt damit auf der Ebene der äußeren Erscheinungswelt scheinbar Unerreichbares in unser Leben treten.
Positive Gedanken haben ebenfalls eine höhere Schwingung als negative. Positive Wünsche auszusenden ist jedenfalls ebenso ein Drehen am Sender. Man wird wacher für die Dinge, die es bisher nicht in unserem Leben gab, die aber genauso im Angebot dort »draußen« herumschwirren.

Sofern man sich nicht auf die gewünschte Frequenz einlässt, kann man sie nicht wahrnehmen. Man kann sie weder hören, anfassen noch zu sich einladen. Möchte man *Erfolgreich Wünschen*, muss man sich auf das Neue einlassen, sonst kann man es nicht wahrnehmen.
Tatsache ist, wenn wir etwas lange genug in unserem Bewusstsein halten, ist es gezwungen, sich in der äußeren Welt zu materialisieren.
Unser Bewusstsein ist aber leider nicht die einzige Instanz, die regelmäßig Energie aussendet. Wir haben einen noch viel beharrlicheren Anteil in uns, der ebenfalls beständig Wünsche ausspricht.
Und daher wollen wir uns nun mit folgender Frage befassen:

Was genau hält man ständig und immer wieder in seinem Unterbewusstsein?

Womit filtert man unbewusst seine Wünsche? Gibt es einen inneren »Boykotteur«?

Glaubenssätze

Wenn Wünsche nicht eintreffen, gibt es meist einen zweiten Wunsch, der stärker ist als der erste. Dieser zweite Wunsch arbeitet dann mit Sicherheit gegen den ersten. Und zwar dauerhafter und mit einer wesentlich größeren Überzeugung.
Wie sieht das denn meistens aus, wenn wir uns etwas wünschen? Beobachtet man seine Wunschpraktik einmal genauer, erkennt man, dass man sich vielleicht zehn Minuten am Tag mit seinem Wunsch beschäftigt. Man bekräftigt ihn, man stellt ihn sich vielleicht auch vor seinem geistigen Auge vor, visualisiert ihn also, und geht dann wieder zum Alltag über.

Aber die restlichen 23 Stunden und 50 Minuten glaubt man, dass es sowieso nicht funktioniert, dass alles nur Humbug ist und einem die Erfüllung des Wunsches genau genommen sowieso nicht zusteht. Man ist doch ein Verlierer. Glück haben immer nur die anderen.
Welcher Wunsch hat wohl mehr Kraft? Welcher Wunsch ist wohl dauerhafter und kraftvoller?
Oft sind die Gedanken im Bewusstsein und die Überzeugungen im Unterbewusstsein sehr verschieden oder einander sogar entgegengesetzt. Selbst wenn die Wunscherfüllung dann in greifbare Nähe gerückt ist, wissen wir mit dem Geschenk nichts anzufangen, die Chance verstreicht ungenutzt.
Es ist dann so, dass man sich etwas intensiv wünscht, aber innerlich gar nicht bereit ist, es auch anzunehmen. Die Sehnsucht geht in eine bestimmte Richtung, aber in Wahrheit sind wir überhaupt nicht fähig, die neue Rolle auch wirklich auszufüllen.
Mir jedenfalls ging es so.

Meiner Entwicklung um Jahre voraus

Bereits vor 30 Jahren hatte ich den tiefen Wunsch zu schreiben. Aber was? Wer würde sich dafür interessieren, was ich mitzuteilen hatte? Ich wusste also nicht genau, worüber ich schreiben sollte, und auch nicht für wen. Aber ich hatte den Wunsch. Klar und deutlich. Ich wollte, dass ein Buch von mir erscheint. Ich sprach den Wunsch aus, bedankte mich und vertraute.
Einige Wochen später stand ich spät nachts in einer Disco in Berlin an der Bar. Aus heiterem Himmel drehte sich ein Mann zu mir um und sprach mich an: »Sie werden schreiben. Und zwar für mich.« Ich verstand nicht, was dieser Mensch von mir wollte, und lachte einfach nur. Aber er blieb völlig unbeirrt. »Sie werden etwas schreiben, was nur Sie schreiben können. Und ich werde es verlegen.«

Er reichte mir seine Karte. Er war tatsächlich Verleger. Und zwar von einem der größten Verlagshäuser. »Sie wissen doch gar nicht, ob ich schreiben kann«, erwiderte ich. »Oder ob ich überhaupt schreiben will.«

»Hätte ich Sie sonst angesprochen?«, fragte er mich lächelnd. »Sie werden etwas schreiben, und zwar etwas, was sehr tief gehen wird. Wenn Sie so weit sind, rufen Sie mich an.«

Ich war geschockt. Mein Wunsch hatte sich erfüllt. Ohne eine Zeile geschrieben zu haben, hatte ich bereits einen Verleger.

Aber ich war überhaupt noch nicht bereit dazu. Vor lauter Angst, nicht genügen zu können, habe ich ihn natürlich nicht angerufen. Ich habe nicht eine einzige Zeile geschrieben.

Stattdessen hatte ich ungeheuren Zoff mit meiner Freundin. Sie brach in Tränen aus, weil ich endlich meine Bestimmung getroffen hätte und sie selbst nicht. Für mehrere Wochen belagerte sie mich mit ihrem Neid und ihrer Eifersucht, und ich rauschte in meine Minderwertigkeitsgefühle hinein. Ich konnte doch gar nicht schreiben.

Die Erfüllung meines Wunsches hatte mir also nur Ärger gebracht. Anstatt zuzugreifen, verkroch ich mich dorthin, wo ich Erfolg hatte – auf die Bühne – und sprach die Texte anderer Autoren. Gleichzeitig hatte ich das niederschmetternde Gefühl, nicht zur rechten Zeit zugegriffen zu haben. Ich fühlte mich als Versager.

Und alles nur, weil ich mir etwas gewünscht hatte, das ich noch überhaupt nicht ausfüllen konnte.

Mein Wunsch hatte sich erfüllt, aber ich konnte die Chance nicht ergreifen, weil tief in meinem Inneren ganz andere Überzeugungen abliefen. »Ich kann nicht schreiben. Das interessiert doch niemanden. Ich mache mich nur lächerlich. Ich bin ein Großmaul. Wenn ich mich wirklich zeige, wird jeder sehen, dass ich nichts kann.«

Tatsächlich habe ich diesen Verleger nie angerufen – bis heute nicht. Glücklicherweise war mein Wunsch zu schreiben so stark geworden über die Jahre, dass ich andere Verleger für mich gewinnen konnte. So wie den KOHA-Verlag, mit dem mich jetzt eine tiefe Freundschaft verbindet. Wir sind miteinander durch dick und dünn gegangen, und dass jetzt dieses Buch als Jubiläumsausgabe erscheint, ist der gemeinsamen, beständigen Kraft zuzuschreiben, die wir fortwährend in das Feld der Möglichkeiten schicken.

Dabei war es am Anfang gar nicht klar, dass KOHA das Buch machen würde! Ich hatte in diesem Verlag schon sehr erfolgreich mein Erstlingswerk verlegt: »Glücksregeln für die Liebe«. Als ich nun ein Jahr später mit »Erfolgreich Wünschen« kam, stieß ich auf Widerstand; Konrad sagte: »Das kannst du gleich vergessen, da gibt es schon so viele Bücher auf dem Markt, das haben schon mehrere probiert und sind damit gescheitert.«

Ich blieb beharrlich und fragte auch Michaela nach ihrer Meinung. Sie sagte: »Ja klar, es gibt zu diesem Thema schon viele Bücher auf dem Markt, und es gab schon viele Bücher vor dir, wie z.B. ›Die Macht Ihres Unterbewusstseins‹ von Joseph Murphy. Aber wenn du authentisch deine Wahrheit schreibst, dann wirst du genau die Leser anziehen, die mit DIR resonieren und deine Sprache lieben und verstehen.«

Exakt dies war auch meine Überzeugung. Sonst dürfte ja kein Autor über die gleichen Themen schreiben, und es gäbe nur ein Buch auf der Welt für alle!

Ich blieb bei meiner Meinung, rief bestärkt wieder an und sagte: »Ich mache dieses Buch auf jeden Fall – entweder mit dir oder ohne dich.« Daraufhin bekam ich den Zuschlag und es wurde eines der erfolgreichsten Bücher des Verlages.

Man wird oft noch »getestet«, ob der Wunsch auch stark genug ist und wirklich in die Welt will – deswegen ist Beharrlichkeit eine der wesentlichsten Eigenschaften auf dem Weg zur Verwirklichung unseres Wunsches.

Die Welt entsteht durch Gedankenkraft. Immer und immer wieder neu. Jeden Tag und jede Nacht.

Was wir denken, das werden wir.

Wir brauchen also nur zu überprüfen, was wir denken. Welche gedanklichen Programme laufen wirklich ab, damit sich unser Leben so gestaltet, wie wir es gerade erleben? Nicht immer ist es wirklich einfach, alle eigenen Programme aufzuspüren. Viele laufen eben völlig unbewusst ab.
Was sind das nun für Programme? Am leichtesten erkennen wir sie an unseren Einstellungen und Meinungen zum Leben. Die stärksten Programme arbeiten durch unseren Glauben und unsere Überzeugungen, welche sich im Laufe unseres Lebens gebildet haben. Welche Glaubensmuster haben wir?

Glaubensmuster erkennen

Seit unserer Kindheit blenden wir unzählige Dinge aus unserem Leben aus. Wir übernehmen die Vorstellungen unserer Eltern und Großeltern, unserer Geschwister und Lehrer. Wir wachsen in deren Welt auf. Alles was wir von ihnen gelernt haben, wie sie uns behandelten, was sie zu uns sagten und natürlich auch, wie sie mit sich selbst und anderen umgingen, wie sie Probleme lösten, wie sie ihre Partnerschaft führten und wie sie der Welt entgegentraten, all das hat uns intensiv geprägt. Ohne diese Dinge zu hinterfragen oder sie auf ihren Wahrheitsgehalt hin zu überprüfen, haben wir sie für uns übernommen.
Seitdem beschränken wir unsere Wahrnehmung auf die Dinge, die wir glauben. Und weil nur das, was wir wahrnehmen, für uns wahr

ist, fühlen wir uns in unserem Glauben bestärkt. Was ich glaube, verwirklicht sich. Was ich nicht glaube, kann in meinem Leben nicht stattfinden. Tatsache ist, dass man sich durch seinen Glauben selbst von der Fülle des Lebens abschneidet.

Glaubenssätze sind Befehlssätze.

Wir leben in einem Kreislauf von sich ständig wiederholenden Erlebnissen, weil wir sie permanent durch unsere begrenzenden Gedanken erschaffen. Wir bauen uns unsere Welt nach unserem Glauben. Wir fühlen uns bestätigt in unserem Glauben und denken noch intensiver in diese Richtung. Das, woran wir glauben, wird für uns eintreten.
Wir könnten aber auch ganz anders denken. Dann würde sich etwas ganz anderes in unserem Leben verwirklichen. Allerdings ist es nicht immer so leicht, sein Denken zu ändern. Viele unserer Glaubenssätze sind so tief in uns verwurzelt, dass es oft schwerfällt, sie wieder los zu werden oder sie zu ändern. Meistens ist es sogar schwierig, sie überhaupt zu erkennen.
Aber es gibt ein sehr gutes Hilfsmittel.

Übung: Persönliche Glaubenssätze identifizieren

Bevor du weiterliest: Kreuze doch einmal kurz an, welche der folgenden Sätze auch von dir stammen könnten. Welche dieser Aussagen sind auch deine Aussagen? Welche Dinge hast du von deinen Eltern, Geschwistern, Lehrern, Freunden oder vom Fernsehen übernommen?

- ❍ Ich tauge nichts.
- ❍ Das steht mir nicht zu.
- ❍ Ich werde nie glücklich.

- ❍ Wer soll mich schon mögen?
- ❍ Ich schaffe das nicht.
- ❍ Andere sind besser als ich.
- ❍ Es gibt keinen Gott.
- ❍ Sex ist schlecht.
- ❍ Liebe wird immer ausgenutzt.
- ❍ Wahre Liebe gibt es nicht.
- ❍ Wer liebt, wird betrogen.
- ❍ Ich habe nie Geld.
- ❍ Andere sind im Bett besser als ich.
- ❍ Ich glaube nicht, dass es was wird.
- ❍ Ich werde es nie richtigmachen.
- ❍ Liebe muss man sich verdienen.
- ❍ Ich zähle ja doch nicht.
- ❍ Was kann ich schon ändern?
- ❍ Lieber nachgeben als streiten.
- ❍ Ich verliere ja doch wieder.
- ❍ So wie ich wirklich bin, kann mich keiner mögen.
- ❍ Ich bekomme ja doch nie, was ich will.
- ❍ Wenn ich zeige, wie ich wirklich bin, werden mich alle verlassen.
- ❍ Ich sollte mich schämen.
- ❍ Alles wäre gut, wenn …
- ❍ Beim Geld hört die Freundschaft auf.
- ❍ Eigentlich …
- ❍ Ich sollte nicht …
- ❍ Es ist alles meine Schuld.
- ❍ Auf mich hört ja doch keiner.
- ❍ Ich verstehe die Frauen nicht.
- ❍ Ich verstehe die Männer nicht.
- ❍ Keiner kümmert sich um mich.

- ❍ Ich kann nicht tanzen.
- ❍ Ich kann nicht rechnen.
- ❍ Ich mache alles falsch.
- ❍ Andere haben besseren Sex als ich.
- ❍ Ich kann einen Mann nicht wirklich befriedigen.
- ❍ Ich kann eine Frau nicht wirklich befriedigen.
- ❍ Ich werde es nie zu etwas bringen.
- ❍ Ich habe immer Pech.
- ❍ Über Sex redet man nicht.
- ❍ Ich belüge mich ständig selbst.
- ❍ Ich vertraue niemandem mehr.
- ❍ Ich kann mir selbst nicht mehr trauen.
- ❍ Masturbieren gehört sich nicht.
- ❍ Das Leben ist schwer.
- ❍ Arbeit ist anstrengend.
- ❍ Nur durch viel Arbeit kommt man zu Geld.
- ❍ Geld verdirbt den Charakter.
- ❍ Ich kann mir nichts merken.
- ❍ Ich denke zu langsam.
- ❍ Ich habe nichts zu sagen.
- ❍ Ich werde nicht beachtet.
- ❍ Mich kann man nicht lieben.
- ❍ Ich kann ohne Partner nicht leben.
- ❍ Wer rastet, der rostet.
- ❍ Ich kann nicht entspannen.
- ❍ Nichts entspricht meinen Erwartungen.
- ❍ Liebe macht verletzlich.
- ❍ Liebe ist vergänglich.
- ❍ Ich muss mir alles erarbeiten.
- ❍ Ich werde immer nur benutzt.
- ❍ Für Schönheit muss man leiden.

- ❍ Eigenlob stinkt.
- ❍ Das kann ich nicht.
- ❍ Er hat mich nicht verdient.
- ❍ Ich muss erst meine Schuld abtragen.
- ❍ Das habe ich gar nicht verdient.
- ❍ Ohne Fleiß kein Preis.
- ❍ Ich darf solche Wünsche nicht haben.
- ❍ Ich fühle mich klein und hässlich.
- ❍ Die ganze Welt ist gegen mich.
- ❍ Es gibt keine Wunder in meinem Leben.
- ❍ Meine Arbeit ist nichts wert.
- ❍ Es reicht ja nie.
- ❍ Ich genüge nicht.
- ❍ Keiner liebt mich.

Und dazu noch die Selbstdefinitionen in Form der »Ich bin«-Sätze (Definition heißt übrigens wörtlich »Abgrenzung«, und Selbstdefinition bedeutet, ich ziehe Grenzen und schließe den Rest der Wirklichkeit aus).

- ❍ Ich bin unwichtig.
- ❍ Ich bin einsam.
- ❍ Ich bin dumm.
- ❍ Ich bin hilflos.
- ❍ Ich bin wertlos.
- ❍ Ich bin nutzlos.
- ❍ Ich bin ja doch nur eine Last.
- ❍ Ich bin zu gut für diese Welt.
- ❍ Ich bin schuldig.
- ❍ Ich bin schlecht.
- ❍ Ich bin ängstlich.
- ❍ Ich bin unmusikalisch.

❍ Ich bin faul.
❍ Ich bin krank.
❍ Ich bin zu dick.
❍ Ich bin zu dünn.
❍ Ich bin zu klein.
❍ Ich bin nicht klug genug.
❍ Ich bin ein schlechter Mensch.
❍ Ich bin schüchtern.
❍ Ich bin zu ernst.
❍ Ich kann nicht ernst sein.
❍ Ich bin gerne Single.
❍ Ich bin unreif.
❍ Ich bin nicht erotisch.
❍ Ich bin konservativ.
❍ Ich bin bodenständig.
❍ Ich bin oberflächlich.
❍ Ich bin süchtig nach Sex.
❍ Ich bin nicht sexy.
❍ Ich bin nicht redegewandt.
❍ Ich bin impotent.
❍ Ich bin frigide.
❍ Ich bin pervers.
❍ Ich bin nicht normal.
❍ Ich bin leicht verführbar.
❍ Ich bin schwach.
❍ Ich bin fantasielos.
❍ Ich bin überheblich.
❍ Ich bin hart, aber gerecht.
❍ Ich bin ständig zerstreut.
❍ Ich bin anders als andere.
❍ Ich bin humorlos.

- ❍ Ich bin nicht gesprächig.
- ❍ Ich bin eine arme Sau.
- ❍ Ich bin zu alt.
- ❍ Ich bin nicht liebenswert.
- ❍ Ich bin selbstsüchtig.
- ❍ Ich bin nicht wichtig genug.
- ❍ Ich bin immer so müde.
- ❍ Ich bin ungeschickt.
- ❍ Ich bin nicht schön.
- ❍ Ich bin dauernd krank.
- ❍ Ich bin unglücklich.

Welche dieser Glaubensmuster treffen auch auf dich zu?
Mit welchen Sätzen identifizierst du dich?
Welche sind dir so in Fleisch und Blut übergegangen, dass sie zu deiner Wahrheit wurden?

Mit Sicherheit hast du mehrere Aussagen angekreuzt. Nun, dann weißt du jetzt, welche Wünsche du ständig unbewusst aussendest. Oft bremsen oder verkehren wir unsere bewussten Wünsche damit ins Gegenteil.

Glaubensmuster sind unglaublich starke Wünsche.

Sie werden nämlich mit unermüdlicher Beständigkeit ausgesprochen oder gedacht.
Glaubt man zum Beispiel, dass man sich die Liebe *verdienen* muss, sendet man genau dies beständig aus und bekommt es ebenso beständig erfüllt. Glaubt man, dass man nur durch viel Arbeit zu Geld kommen kann, wird das Erleben eben in diese Richtung gehen.

- Aus diesem Gemisch an verschiedenen Glaubenssätzen bauen wir unsere Persönlichkeit.
- Was jenseits unserer persönlichen Glaubenssätze liegt, wird von uns unbewusst bekämpft.

Wenn wir nun neue, andere, vollkommen entgegengesetzte Wünsche und Glaubenssätze denken wollen und in die Welt schicken, brauchen wir nicht abermals tausendmal das Neue zu denken, um das Alte aufzulösen. Nein, das Universum reagiert schneller, als wir es für möglich halten.
Dennoch benötigt es unter Umständen einige Zeit, da wir uns selbst unsere neuen Sätze nicht wirklich glauben und wir gleichzeitig mit dem Wunsch eine gehörige Portion Zweifel aussenden. Und damit kommt beim »Sachbearbeiter« ein seltsames Gemisch an Wünschen an. Welcher hat nun Priorität? Natürlich der, der auf eine lange Geschichte zurückblicken kann. Jeder andere Sachbearbeiter in unserer Welt würde wohl ähnlich vorgehen. Er würde in den alten Akten nachsehen und dann nach dem entscheiden, was anscheinend unserer Gewohnheit entspricht.
Viele Wünsche werden aus dem Mangelbewusstsein heraus formuliert. Lautet mein bewusster Wunsch zum Beispiel »Ich bin schön«, nützt es wenig, wenn ich nicht wirklich daran glaube. Wenn ich zehn Minuten am Tag ganz bewusst meinen Wunsch realisiere, aber die restlichen 23 Stunden und 50 Minuten vom Gegenteil überzeugt bin, welcher Wunsch wird sich dann wohl erfüllen?
Wie können wir aber nun alte Glaubensmuster auflösen? Indem wir erkennen, wo sie eigentlich hingehören und wann und warum sie entstanden sind.

Übung: Glaubensmuster auflösen

- Kauf dir ein kleines Reinschreibbuch. Vielleicht hast du ja schon eins. Dann nimm es zur Hand oder öffne die EW-3.0 App und verfahre wie nachfolgend beschrieben.
- Am besten du schreibst alle angekreuzten Punkte von der vorstehenden Liste auf einen Zettel und überlegst, woher diese Überzeugungen in Wirklichkeit stammen. Stelle dir dabei folgende Fragen:
    - Wann und wo sind sie entstanden?
    - Welche Erlebnisse haben dazu geführt?
    - Welche Person hat diese Sätze immer wieder benutzt?
    - Welche Personen hatten diese Überzeugungen von sich selbst?
    - Wer hat dich immer und immer wieder glauben lassen, dass du dieses bestimmte Verhalten besitzt?

- Wenn wir wieder dort hingehen – wenn wir zum Ursprung zurückgehen – werden wir die Wahrheit entdecken.
- Setze dich ruhig und entspannt hin und suche dir einen der Punkte heraus.
- Schließe die Augen und stelle dir immer wieder die Frage: »Wo hat alles begonnen?«
- Du wirst erstaunt sein, welche längst vergessenen Bilder hochkommen werden – Ereignisse, die scheinbar lange zurückliegen, aber noch heute deine Vorstellung von dir selbst prägen.

Und plötzlich stellst du fest, dass viele unserer Überzeugungen gar nicht zu uns gehören, sondern ursprünglich von unserem Vater oder unserer Mutter stammen. Vielleicht sind das Sätze, die du von ihnen

immer und immer wieder vorgepredigt bekommen hast. Irgendwann hast du diese dann für dich als gültig übernommen. Du hast begonnen, dich damit zu identifizieren. Seit deiner Kindheit trägst du nun diese falschen Glaubensmuster mit dir herum.
Wenn wir nun zu erkennen beginnen, dass dies nur eine angenommene Überzeugung ist und nicht die alleingültige Wahrheit, wird sich unsere Einstellung zu uns selbst verändern. Wir werden uns mit anderen Augen betrachten. Wir werden uns unserer bisherigen Überzeugung nicht mehr so sicher sein. Und das ist gut so. Denn das nimmt den negativen Befehlssätzen die Kraft.
Ziel der Übung ist es, die negativen Befehlssätze zu schwächen und die positiven zu stärken. Das geht fließend, Hand in Hand. Räume leeren sich und beginnen sich mit Neuem zu füllen. Und deswegen sollten wir aktiv mit der Arbeit an unserer positiven Wunschliste beginnen.

Wunder geschehen durch positive Glaubenssätze.

Erinnern wir uns:

- Materie entsteht durch Energie und wird durch gerichtete Energie geformt.
- Was immer wir denken, materialisiert sich.
- Der Energie ist es egal, was wir uns wünschen. Sie arbeitet, wie von uns erwartet, für oder gegen uns.
- Wir begrenzen uns selbst durch unsere Gedanken.
- Wir begrenzen uns selbst durch unseren Glauben.
- Wir begrenzen uns selbst durch negative Befehlssätze.
- Wir erleben immer nur das, was wir glauben.
- Alles ist möglich, wenn wir es für möglich halten.

Hier kommen die 100 beliebtesten und erfolgreichsten Affirmationen

Affirmationen sind Befehlssätze für unser Gehirn. Sie helfen uns, rasch und gezielt unseren Fokus auf unsere wahren Ziele zu richten. Unsere Wahrnehmung erweitert sich in die gewünschte Richtung. Unsere Gefühle werden positiver und kraftvoller. Auch die Hirnforschung und die Positive Psychologie bestätigen schon lange, wie effektiv Affirmationen unser Leben wandeln können.
Sagen wir uns immer und immer wieder die gleichen Sätze vor, ist dies ein hervorragendes Mittel, unsere Zweifel zum Schweigen zu bringen. Schon nach kurzer Zeit kann sich daraus eine neue Überzeugung entwickeln. Wir suchen plötzlich unbewusst solche Menschen und Orte auf, die uns in unserer neuen Überzeugung bestätigen und uns helfen und fördern, damit sich die Affirmation realisiert.

Achte darauf, dass die Affirmationen dich nicht überfordern. Sie dürfen dich nicht anstrengen oder Kraft kosten. Sie sollen dir stets ein angenehmes, fließendes Gefühl geben. Nutze auch nicht zu viele auf einmal. Ein, zwei genügen völlig.
Suche dir einfach immer wieder solche heraus, die dich ganz intuitiv ansprechen. Du kannst auch immer wieder wechseln, je nachdem worauf du gerade Lust hast.
Du kannst sie laut aussprechen oder auch nur in Gedanken sagen. Du kannst sie überall nutzen – in der U-Bahn, im Büro, beim Spazierengehen, in der Mittagspause, morgens beim Aufwachen. Am effektivsten sind sie kurz vor dem Einschlafen, dann bauen wir sie intensiver in unser Gedächtnis ein.

Übung: Ich finde meine ganz persönlichen Leitsätze

Lies dir ganz entspannt die folgenden Sätze durch. Wenn eine Affirmation dir gefällt oder dich anspricht, mache einen kleinen Haken dahinter und probiere sie die nächsten Tage für dich aus. Achte dabei auch auf deine Gefühle. Geht es dir besser? Fühlst du dich kraftvoller? Oder sicherer? Oder geborgener?

Du kannst auch mehrere solcher Affirmationen benutzen, aber überfordere dich nicht. Drei sind meistens genug. Du kannst sie ja immer wieder austauschen.

1. Ich bin offen für die Talente, die sich in mir entwickeln.
2. Ich bin offen für positive Inspiration.
3. Ich erlaube mir, neue Impulse aufzunehmen.
4. Ich bin glücklich.
5. Ich lebe in einer erfüllten Liebesbeziehung.
6. Ich empfange die Veränderungen in meinem Leben mit offenen Armen.
7. Ich bin einzigartig.
8. Ich erschaffe mir eine Umgebung voller Fröhlichkeit.
9. Ich gehe meinen Aufgaben mit Freude nach.
10. Ich folge meiner inneren Stimme.
11. Ich bin ehrlich zu mir selbst und meinen Mitmenschen.
12. Ich kann mich so zeigen, wie ich wirklich bin.
13. Ich bin liebevoll mit mir selbst verbunden.
14. Ich begegne meinen Mitmenschen in liebevoller Aufmerksamkeit.
15. Ich überprüfe die Situationen, in die ich mich begebe, genau.
16. Meine Entscheidungen kommuniziere ich voller Liebe.
17. Ich bin voller innerer Stärke und gehe meinen Weg.

18. Ich bin mir nah und achte auf die Antworten meines Herzens.
19. Ich bin beschützt auf allen meinen Wegen.
20. Ich bin voller Liebe zu mir selbst.
21. Ich glaube an meine eigene Kraft und schreite mutig voran.
22. Ich bin innerlich und äußerlich reich.
23. Ich bin im Fluss des Lebens.
24. Ich ergreife die positive Möglichkeit, die sich mir bietet.
25. Ich freue mich auf jeden Neubeginn.
26. Mein Leben ist mit Freude und Begeisterung erfüllt.
27. Meine neuen Schritte gehe ich sicher und selbstbewusst.
28. Ich bin dankbar und voller Freude.
29. Alles ist wundervoll und gelungen.
30. Ich bin in meiner Mitte.
31. Meine Gefühle sind voller Harmonie.
32. Ich bin in Einklang mit meinen Gedanken und Handlungen.
33. Ich habe eine Aufgabe, die mich vollkommen mit Freude erfüllt.
34. Ich bin vollkommen gesund.
35. Mein Körper und ich sind eine kraftvolle Einheit.
36. Ich bin erfüllt von spielerischer Leichtigkeit.
37. Ich bin verbunden mit meiner kreativen Seite.
38. Ich bin ruhig und gelassen.
39. Ich bin beschützt.
40. Ich lasse mir Zeit, um meine Wahrheit zu finden.
41. Ich bin in Einklang mit der Natur und mit mir selbst.
42. Ich nehme die wertvollen Impulse für meinen Weg wahr.
43. Ich bin voller kreativer Ideen, die den Menschen Freude und Glück bringen.

44. Ich bin mir der Schönheit meines Selbst bewusst.
45. Ich öffne mich für das Wunder meines Lebens.
46. Ich bin voller Vertrauen zu mir selbst.
47. Alles geschieht zu meinem Besten.
48. Ich spreche klar und deutlich aus, worum es mir geht.
49. Ich liebe das Leben und empfange es dankbar mit offenen Armen.
50. Ich bin voller Urvertrauen.
51. Ich gebe mich meiner inneren Führung hin.
52. Ich vertraue darauf, dass alles richtig und gut ist, so wie es ist.
53. Ich bin voller Hoffnung und Zuversicht.
54. Ich bin geerdet und entscheide verantwortungsvoll.
55. Ich bin voller Kraft und Stärke.
56. Meine Ziele verwirkliche ich voller Zuversicht.
57. Ich bin voller Mut und Hoffnung.
58. Meine innere Stärke und Zuversicht wächst mit jedem Tag.
59. Ich entspanne mich und lasse allen Leistungsdruck los.
60. Ich nehme die guten Gelegenheiten in meinem Leben wahr.
61. Ich nutze die Impulse zu meinem Besten.
62. Alles hat seinen tieferen Sinn.
63. Alle Lernaufgaben im Leben sind willkommen.
64. Ich bin in meinen Gedanken und Taten klar und wahrhaftig.
65. Ich tue das, was mir mein innerstes Gefühl sagt.
66. Ich stehe innerlich aufrecht da und umarme das Leben.
67. Ich bin offen für den inneren und äußeren Reichtum.
68. Ich bin voller Achtsamkeit und liebevoller Zuneigung.
69. Mein Heim und meine Beziehung sind voller Harmonie.
70. Ich bin frei, das zu tun, was ich mir wahrhaftig wünsche.

71. Ich bin es wert, geliebt zu werden.
72. Mein Wille ist stark genug, um meine Aufgaben zu bewältigen.
73. Ich bin voller Tatendrang.
74. Ich bin vereint mit allen Aspekten meines Selbst.
75. Ich bin verbunden mit meiner Tiefe und lasse sie zu.
76. Ich lebe die Werte, die mir wichtig sind.
77. Ich bin voller Harmonie.
78. Ich bin im Gleichklang mit mir selbst und meinem Umfeld.
79. Ich bin eins mit mir und meinen Fähigkeiten.
80. Ich habe immer Zugang zu mir und meiner Wahrheit.
81. Ich bin dankbar, mich zum Wohle aller einsetzen zu dürfen.
82. Ich erlaube mir, mein Potenzial zu leben und in die Tat umzusetzen.
83. Ich bin reich an Ideen.
84. Ich bin hingebungsvoll mit dem Ganzen verbunden.
85. Ich gebe meinem Körper das, was er braucht.
86. Ich entwickle jetzt meine Fähigkeit zur Hingabe.
87. Ich fühle mich in meinem Körper wohl.
88. Ich bin liebevoll.
89. Ich strahle Herzlichkeit aus.
90. Ich bin in meiner Partnerschaft getragen von Liebe und Respekt.
91. Ich darf meine Liebesfähigkeit jeden Tag mehr entdecken.
92. Ich bin innerlich frei, meine Ziele zu verwirklichen.
93. Meine neue Lebensaufgabe schenkt mir Lebensfreude und Glück.
94. Ich öffne mein Herz für die Leichtigkeit.
95. Ich bin dankbar für die glücklichen Fügungen, die ich erleben darf.

96. Mein zielgerichtetes Denken führt mich auf den Weg des Erfolgs.
97. Ich bin überzeugt davon, dass meine Ideen erfolgreich sind.
98. Meine schöpferische Kraft ist erfolgsbewusst.
99. Ich bin offen für die Chancen, die sich mir bieten.
100. Ich bin erfolgreich.

Noch ein bisschen mehr? Na gut. Hier sind noch ein paar Zugaben.

101. Erfolgreich zu sein, ist mein natürlicher Zustand.
102. Ich bin eine starke Persönlichkeit.
103. Ich darf Erfolg und Glück in meinem Leben manifestieren.
104. Ich erschaffe in meinem Leben positive Ergebnisse.
105. Ich nehme meine innere Stimme klar und deutlich wahr.
106. Ich bin dankbar und glücklich.
107. Mein Herz ist erfüllt von Freude.

Alle Anweisungen, Wunschformulierungen, Affirmationen oder Autosuggestionen sollten mit positiven Worten formuliert werden.
Nur eine klare, positive, mit angenehmen Gefühlen aufgeladene Affirmation entfaltet überhaupt erst ihre Wirkung.
Wenn wir zum Beispiel anstatt »Ich bin nicht mehr schüchtern« sagen »Ich bin selbstsicher« und das darunterliegende Gefühl ist unangenehm und voller Zweifel, dann hilft diese ganze schöne Affirmation (= Autosuggestion) nichts.
Schreibe dir deine positiven Lieblings-Überzeugungen auf in deinem Wunschtagebuch oder in deiner APP auf.
Je öfter du Wunschformulierungen für dich übst, desto effektiver wird sich deine Energie in die richtige Richtung entwickeln.

Damit Affirmationen auch wirklich »greifen« können, sollten sie über mehrere Wochen hinweg jeden Tag mehrmals wiederholt werden, so lange, bis sie sich als »innere Wahrheit« integriert haben.

»Die einzige Begrenzung, das Morgen zu verwirklichen, werden unsere Zweifel von heute sein.«
Franklin D. Roosevelt

Können wir sogar unsere Gene ändern?

Als ich dieses Buch vor gut zehn Jahren schrieb, war die Genforschung noch nicht so weit wie heute. Heute weiß man sehr viel über die Beschaffenheit der Gene und wie man sie beeinflussen kann. Genau genommen ist auf diesem Gebiet eine kleine Revolution geschehen.
Jahrhundertelang war man der Ansicht, unsere Gene, also unser Erbgut, seien unveränderbar. Das haben wir sogar noch in der Schule so gelernt. Diese Behauptung wurde jedoch dank neuester Erkenntnisse aus der Epigenetik in den letzten Jahren deutlich widerlegt.
Heute kann man die Frage »Können wir unsere Gene ändern?« mit einem eindeutigen »Ja« beantworten! Denn inzwischen weiß man:

Nicht unsere Gene steuern uns, sondern wir steuern unsere Gene!

Wenn wir jetzt aber glauben, es sei schwierig, unsere DNA zu beeinflussen, dann werden wir rasch eine Besseren belehrt. Unglaublich aber wahr: Unser Erbgut lässt sich sogar relativ leicht beeinflussen. Von den meisten dieser Einflussfaktoren wussten wir schon, dass sie eigentlich wichtig für uns sind. Nun aber zeigt auch die Wissenschaft, dass sich unser Erbgut tatsächlich durch Folgendes steuern lässt:

- äußere Einflüsse
- unseren Lebensstil
- unser Umfeld
- unser Essverhalten
- Sport
- und – das ist für uns Wünscher besonders interessant – die Wahl unserer Gedanken!

Wir können unsere DNA durch die Wahl unserer Gedanken beeinflussen.

So einfach. So leicht. So effektiv. Unendlich viele Untersuchungen bestätigen dies immer wieder. Da kommt natürlich rasch die nächste Frage auf. Wenn wir Einfluss auf unsere DNA und unseren Körper haben, wie ist das dann mit unserer Gesundheit? Lässt sie sich auch beeinflussen?

Hier lieferte der Neurowissenschaftler Michael Meaney aus Kanada bahnbrechende Erkenntnisse. Er entdeckte, dass auf den Genen von Krebszellen kleine chemische »Markierungen« existieren. Diese Methylgruppen schalten den Inhalt des Gens einfach aus.

Das bedeutet: Krebszellen werden einfach inaktiv.

Die DNA wird also nicht umgebaut, sondern es werden nur einzelne Gene aktiviert oder deaktiviert.

Und dieser Vorgang lässt sich beeinflussen. Zum Zeitpunkt dieser Entdeckung dachte die Forscherwelt noch, Erbgut könne man nur

im Embryonalstadium verändern. Studien an Ratten zeigten jedoch, dass diese Überlegung falsch ist.
Es wurde zum Beispiel das Erbgut der Ratten untersucht: In diesem Fall war es ein Gen, welches für Stressabbau sorgt. Interessanterweise war dieses Gen bei den Rattenbabys, welche liebevoll umsorgt wurden, aktiviert. Bei den vernachlässigten Rattenbabys hingegen war es deaktiviert. In der Folge reagierten die verstörten Ratten auch später sehr viel anfälliger auf Stress und traumatische Erlebnisse.
Jetzt wurden die Rattenbabys ausgetauscht und die »gestressten« Ratten in die Fürsorge der liebevollen Ratteneltern gegeben. Das Ergebnis erstaunte die Forscher: Das vormals gestresste Rattenbaby wurde auch stressresistent und gab dieses Erbgut sogar an seine eigenen Kinder später weiter. Dies bedeutet:

Wie immer unsere Gene auch beschaffen sind, wir können sie beeinflussen.

Egal wie alt du bist oder wie deine Vergangenheit aussieht: Wir haben Einfluss auf unsere Gene. Wir können viele dieser alten Informationen wandeln. Genau genommen tun wir dies bereits ständig.
Viele Studien wurden inzwischen natürlich auch an Menschen durchgeführt. Und es ist sehr beruhigend zu wissen, dass es kein Stress-Gen, kein IQ-Gen oder Glücks-Gen gibt. Die Forscher kamen zu folgendem Ergebnis:

Gene lernen aus Erfahrung.

Genau das Gleiche geschah mit Kindern aus zerrütteten Familien, welche von liebevollen Adoptiveltern aufgezogen wurden. Auch diese Kinder wurden stressresistenter und waren als Erwachsene auch liebevolle Eltern.

Was hat diese Erkenntnis nun für eine Bedeutung für uns? Wenn unsere Gene auf uns *hören*, dann können wir sie durch unsere Denkgewohnheiten und unser Verhalten verändern. Wir können unseren *inneren Arzt* aktivieren und unsere Selbstheilungskräfte fördern, indem wir folgende einfache Regeln beachten:

13 Tipps als Grundlage für eine gute DNA

1. Gehe oft an die frische Luft.
2. Treibe Sport. Oder bewege dich zumindest ausreichend.
3. Lüfte deine Lebensräume mehrmals am Tag.
4. Vermeide Genussgifte wie Zigaretten und Alkohol – also alles in Maßen.
5. Ernähre dich ausgewogen.
6. Sieh zu, dass du gut schlafen kannst (was im Schlafzimmer könnte stören?).
7. Denke gut über dich und andere.
8. Sprich gut über andere. Wenn du ihnen schon nicht nützen kannst, so versuche wenigstens nicht, ihnen zu schaden.
9. Interpretiere nicht, nimm nichts persönlich, lege nicht alles auf die Goldwaage.
10. Meditiere oder setze dich pro Tag zehn Minuten hin und atme gelassen ein und aus.
11. Höre angenehme, entspannende Musik.
12. Eine Stunde vor dem Schlafengehen sollten alle Bildschirme ausgeschaltet sein.
13. Suche die Gemeinschaft von positiven, liebevollen Menschen, die dich fördern, unterstützen und dir Mut machen!

Wenn wir unsere Gene durch unsere Gedanken beeinflussen können, dann können wir auch unseren Körper auf diese Weise beeinflussen und auch einen Aspekt verändern, der für unseren Körper sehr wesentlich ist. Nehmen wir doch zum Beispiel den Wunsch nach mehr Attraktivität.

Jeder von uns möchte gerne schön sein. Wenn wir dies mental beeinflussen können, dann sollten wir einmal folgender Frage nachgehen: Wie beginnen wir, uns selbst davon zu überzeugen, dass wir schön sind?

Übung: Ich bin schön

Wähle einen ruhigen Moment aus, stell das Telefon ab und suche dir einen Platz in deiner Wohnung aus, wo du für einige Zeit ungestört bleibst. Ein angenehmes weiches Licht wäre gut und wir brauchen einen großen Spiegel, vielleicht vom Gang oder vom Bad.

Und dann setz dich vor diesen großen Spiegel, am besten nackt. Was geschieht normalerweise? Wir sehen sofort unsere körperlichen Fehler. Zu dick, zu weich, zu labbrig, zu hängend, zu alt, zu groß, zu klein, zu hell, zu faltig, zu unförmig. Wir konzentrieren uns meistens sofort nur auf unsere Cellulitis, auf Dellen und Hautunreinheiten.

Wenn uns jemand sagt, wir seien schön, wehren wir uns vehement dagegen und zeigen schnell und auffallend bereitwillig, wo es mit unserem Körper nicht stimmt. Es ist doch erstaunlich: Wir alle wollen schön sein, aber wenn jemand tatsächlich etwas Schönes in uns sieht, überzeugen wir ihn sofort vom Gegenteil und zeigen ganz ungeniert unsere Makel, die wir doch eigentlich gerne verstecken wollen.

Auf diese Weise überzeugen wir aber nicht nur unser Gegenüber von unserer Hässlichkeit, wir überzeugen auch uns selbst. Und zwar ständig.

Du kannst auch dein Handy zur Hand nehmen, deine Foto-APP auf »Selfie« stellen und dir selbst – wie in einen Spiegel – ins Gesicht

sagen: Du bist schön. Spüre nach, was für Gefühle sich melden. Ist es dir peinlich? Musst du laut lachen, weil du es lächerlich findest? Nun, wenn du selbst es lächerlich findest, schön zu sein – wer soll dich dann schön finden? Nach dem Gesetz der Resonanz bekommst du genau das vom Leben gespiegelt, was du über dich denkst und empfindest. Finde dich einfach schön! Dann bekommst du Komplimente, hast eine schöne Ausstrahlung, und Menschen umgeben sich gerne mit dir – das ist doch ein Super-Deal mit dir selbst!
Wir selbst sind unsere größten Kritiker!
Wir lassen erst wieder locker, wenn der andere seinen »Irrtum« einsieht. Wir sind eben nicht schön! Nach erledigter Überzeugungsarbeit fallen wir meist in tiefe Traurigkeit. Nicht schön zu sein ist nämlich unangenehm. Trotzdem überzeugen wir uns und andere jeden Tag davon.

Übung: Mein Körper ist schön

Zurück zu uns und unserem Spiegel, vor dem wir sitzen. Heute wollen wir es anders machen. Heute betrachten wir uns ganz ruhig und entspannt. Ohne zu bewerten. Wir beobachten unseren Atem, unsere Haut, unsere Gelenke. Wir spüren die Wärme und Intimität des Augenblicks. Das ist unser Körper, der so viel Arbeit leistet. Jeden Tag, jede Minute ist er für uns da. Niemals gibt er auf. Egal wie sehr wir ihn schinden und fordern. Egal wie sehr wir ihn beleidigen und missachten. Unser Körper ist wundervoll. Ohne ihn könnten wir all die herrlichen Dinge nicht erleben.
Für ein paar Minuten schenken wir unserem Körper die ganze Liebe und Wertschätzung für seine großartige Leistung. Wir fühlen die Dankbarkeit, die wir unserem Körper entgegenbringen.
Nach einiger Zeit lenken wir unsere Konzentration auf das, was uns an unserem Körper gefällt. Das können die Haare sein, der Mund,

die Schultern, ein Finger, der große Zeh, die Brüste oder der Po. Vielleicht ist es auch »nur« der Bauchnabel. Es wird immer etwas geben, das uns gefällt. Darauf konzentrieren wir uns nun, während wir feststellen:
»Ich bin offen und bereit, dass sich mein Wunsch nach Schönheit jetzt manifestiert. Ich kann dieses Wunder nun in meinem Leben zulassen. Ich liebe meinen Körper und betrachte ihn voller Bewunderung. Ich bin schön und begehrenswert. Danke, dass ich gesund und schön bin.«
(Du findest diesen Text als Audio-Datei innerhalb unserer EW-3.0 APP.)

Wenn wir dies einige Abende lang wiederholen, wenn wir für einige Zeit mit uns und unserem Körper so wertschätzend umgehen, werden wir immer mehr Stellen an unserem Körper entdecken, die uns gefallen. Mit jedem Tag nehmen wir mehr von uns an. Unser Körper ist schön und wundervoll. Er leistet ungeheuer viel und beginnt nun, da wir ihm unsere Achtung und Anerkennung schenken, mit jedem Tag schöner zu werden.
Nicht dass unser Körper sich sofort verändert und schöner wird (als ob es einen hässlichen Körper gäbe!), sondern unser Bild von uns selbst wandelt sich. Wir legen nicht mehr einen unnatürlichen Maßstab an und sagen: Erst wenn mein Körper so aussieht wie der von einem Topmodel oder einem berühmten Schauspieler, ist er schön. Wir sehen die Schönheit unseres eigenen Körpers *jetzt.* Die innere Schönheit zieht die äußere Schönheit an. Und damit wird unser Körper auch tatsächlich immer schöner und unsere Ausstrahlung nimmt zu.
Wenn wir nun die Überzeugung »Ich bin schön« aussenden, ist unser geheimer Widerstand bereits wesentlich kleiner geworden. Der Wunsch kann sich endlich manifestieren.

Ich lasse Schönheit zu.

Wir begeben uns mehr und mehr in die Frequenz von Schönheit. Wir senden diese Energie aus und wir erhöhen gleichzeitig unsere Schwingung. Das Energie-Erhaltungsgesetz und das Gesetz der Resonanz arbeiten für uns. Vielleicht werden wir schon bald darauf angesprochen, wie schön wir sind. Und nun begehen wir nicht mehr den Fehler, unser Gegenüber vom Gegenteil zu überzeugen.
»Ja, ich bin schön. Und mit jedem Tag fühle ich mich schöner.«
Unmöglich? Nein, nichts ist unmöglich. Hier noch ein weiteres Beispiel, dass nichts unmöglich ist, wenn wir es nur für möglich halten. Wir müssen manchmal einfach nur aufhören, uns beständig zu erzählen, warum etwas nicht klappen kann. Manchmal suchen wir regelrecht nach Gründen für den Misserfolg.
Dabei werden manche Wünsche sogar sofort geliefert. Wir dürfen nur nie vergessen, dass wir unser Leben durch unsere eigenen, bewussten und unbewussten Glaubenssätze selbst gestalten.
Wie sagte der Friedensnobelpreisträger Albert Schweitzer so schön:

**»Die größte Entscheidung deines Lebens liegt darin,
dass du dein Leben ändern kannst,
indem du deine Geisteshaltung änderst.«**

Unmögliches wird sofort erledigt

Als wir in München die Fertigstellung für unseren Kinofilm »Und das ist erst der Anfang« machten, fühlten wir uns so wohl, dass wir unbedingt wieder zurück nach München wollten. Das Wetter war

schön, die Leute freundlich und all unsere Freunde waren wieder da. München war einfach unser Zuhause.
Aber sofort waren da tausend Glaubenssätze, warum es bestimmt nicht klappen könnte.

- In unsere Heimat zurückzukehren geht nicht so einfach, denn Julia, unsere Tochter, besucht in Bonn eine internationale Schule.
- Sie in München einzuschulen wäre sicher unmöglich, denn alle englischsprachigen Schulen sind völlig überlaufen.
- Die Wartelisten betragen mehrere Jahre.
- Natürlich könnten wir es uns wünschen, aber realistisch betrachtet bräuchte unser Wunsch doch einige Zeit und es sind nur noch zwei Schultage bis zu den Sommerferien.
- Wahrscheinlich ist überhaupt niemand mehr in den Schulen anzutreffen, den man kontaktieren könnte.
- Mit Sicherheit sind die Klassenlisten schon lange geschrieben und aufgeteilt.
- Es gibt sicher keinen Platz mehr.
- Dieses Jahr kann es nichts mehr werden. Selbst wenn wir es uns noch so sehr wünschen würden. Wahrscheinlich nicht einmal nächstes Jahr.

Doch dann wurde uns bewusst, dass wir uns wieder einmal in der eigenen Falle von negativen Glaubenssätzen gefangen hatten. Wir waren also gerade dabei, unseren eigenen Misserfolg selbst zu erschaffen.
Sofort schwenkten wir um und begannen, es uns zu wünschen. Immerhin war *Erfolgreich Wünschen* für uns bereits so etwas wie unsere zweite Natur geworden. Aber dem Wunsch nachzugehen erschien uns nicht sonderlich realistisch.
Warum nicht?

Da war also wieder der Verstand mit seinen Zweifeln durch die Hintertür hereingekommen. Warum lassen wir es jetzt nicht einfach auf uns zukommen?
Und seltsamerweise, kaum war unser Wunsch formuliert und ausgesandt, spürte ich ständig den Drang, in einer der besten internationalen Schulen anzurufen. Michaela schmunzelte nur noch. Natürlich war es Blödsinn, sagte mein Verstand. Natürlich war die Erfüllung des Wunsches vollkommen unmöglich. Natürlich kann es gar nicht funktionieren.
Aber nach dem Aussenden eines Wunsches hört Michaela sehr genau auf die feineren Energien. Keine zwei Minuten später hatte sie meinen Impuls in die Tat umgesetzt und rief die Schulleitung an.
Das unglaubliche Wunder nahm Formen an. Man sagte ihr, dass es in der Tat für die zweite Klasse noch einen Platz gäbe – ein anderes Kind sei gerade abgesprungen – und wir sollten doch morgen, am letzten Schultag des Jahres vorbeikommen. Allerdings machte man uns keine Hoffnungen, da normalerweise ein langwieriges Aufnahmeverfahren nötig sei.
Am nächsten Morgen saßen wir also staunend im Büro der Direktorin. Ein Elternpaar war uns weinend entgegengekommen, ihr Kind hatte keinen Platz bekommen und sie würden deswegen zurück nach England ziehen müssen.
Genau genommen war uns klar, trotz aller Freundlichkeit der Direktorin, dass man uns genauso abweisen würde wie tausend andere Eltern jedes Jahr. Andererseits hatten wir es uns doch gewünscht und der Wunsch hatte uns hierher geführt. Mitten in das Büro der Direktorin, die wie durch ein Wunder noch einen freien Platz zu vergeben hatte. Den einzigen Platz in der ganzen Schule. Und dieser Platz war auch noch genau in der zweiten Klasse, in die Julia gehen sollte.
Die Direktorin sprach lange mit Julia, ließ sie einige Tests machen, sie tauschten sich intensiv auf Englisch aus und dann, nach einer

Stunde, wurde das Wunder Wirklichkeit. Die Direktorin nickte uns zustimmend zu und trug Julia in die Liste der neuen Schüler ein. Wenn etwas wirklich unmöglich gewesen war, dann das: innerhalb eines Tages einen Platz auf dieser Schule zu bekommen. Noch Jahre danach bestätigten uns andere Eltern das Unfassbare dieses Wunders.

»Wer nicht das Unmögliche wagt,
wird nie das Mögliche erreichen.«
MICHAIL ALEXANDROWITSCH BAKUNIN

Wie weitreichend und wie vielfältig die Wandlung unseres Lebens sein kann, möchte ich gerne durch meine eigene folgende Geschichte erläutern. Und gleichzeitig möchte ich dir gerne einen sehr guten Trick verraten, auf welche Weise ich Entscheidungen treffe.
Wunder ereignen sich manchmal auf vollkommen überraschende Weise. Und dennoch scheinen sie einen genauen Plan zu verfolgen. Und das Beste daran: Wir können den Plan der Wunder vorgeben.

Die Kolumne

Wenn ich all die Wunder in meinem Leben betrachte, dann erkenne ich im Rückblick immer wieder, wie brillant sich der Verstand, die Intuition, die Gefühle und das bewusste Aussenden von Wünschen gegenseitig unterstützen, damit sich diese Wunder in meinem Leben realisieren konnten.
Eines dieser großen Wunder ist mit Sicherheit auch meine Kolumne für eine der größten Zeitschriften Deutschlands.
Viele kennen wahrscheinlich die berühmte Wunschcollage. Sie ist wirklich sehr effektiv und die meisten der Erfolgsgeschichten, die man uns schreibt, basieren auf solchen Wunschcollagen.

Es gibt aber noch ein weiteres sehr gutes Hilfsmittel, das der Wunschcollage sehr ähnlich ist: eine Mind Map. Dies ist so etwas wie eine Gedankenlandkarte. Hier werden auf visuelle Weise alle Bereiche eines Themas durchleuchtet.
Die Mind Map ist eine von dem Psychologen Tony Buzan eingeführte Methode, bestimmte Themen visuell zu bearbeiten. Sie ist formal gesehen so etwas wie ein Baumdiagramm, mit vielen Ästen und Verzweigungen. Sie ist deswegen so effektiv, weil sie zum einen das assoziative Denken anregt und anderseits – ist sie erst einmal erstellt – sich alles auf einen Blick erschließt. Man hat also mit einem Blick die gesamte künftige Welt im Auge und kann sie jederzeit ergänzen.
Genau so eine Mind Map haben wir an einem Wendepunkt meines Lebens gemacht.
Ich hatte gerade mein erstes Buch geschrieben, es befand sich zur Überraschung aller auf den Bestsellerlisten, und wir wussten nicht genau, wohin meine weitere Reise gehen sollte.
Um genau darüber mehr Klarheit zu gewinnen, nahmen wir ein übergroßes Blatt Papier, schrieben meinen Namen in die Mitte des Blattes und notierten um meinen Namen herum all das, was ich mir beruflich wünschen würde. Dabei sollte es gedanklich keine Grenzen geben. Alles was mir spontan einfiel, wurde notiert.
Nun wollte ich nach dem Erfolg meines ersten Buches nicht überheblich oder undankbar erscheinen. Denn wenn man frei assoziiert, dann kommen natürlich viele Träume hoch und die meisten davon sind so groß, dass man sie besser niemandem erzählt, möchte man nicht als Tagträumer gelten. Genauso ging es mir.
Alles was ich mir ersehnte, erschien mir viel zu groß. Was wollte ich alles sein? Bestsellerautor. Natürlich mit vielen Büchern. In meiner *erträumten* Welt sollte es Hörbücher geben, Filme, Meditationen, ich wollte Seminare leiten und Vorträge halten. Ich wollte eine eigene Kolumne haben, in der Wirtschaft Teams und Manager coachen und

dort als Referent tätig sein. Ich wollte Webinare durchführen, DVDs produzieren und eine große Deutschlandtour machen, natürlich vor ausverkauften Häusern. Ganz schön verrückt, dachte ich.

Und weil wir schon dabei waren: Ich wollte eine eigene Fernsehstation haben und eine eigene Internetplattform, auf der ich Menschen coachen konnte. Klingt doch schon ein bisschen viel.

Aber Michaela schrieb und schrieb. Und plötzlich war eine ganze Welt um mich herum entstanden. Zumindest auf dem Papier. Und das Schöne war, Michaela hielt dies alles überhaupt nicht für verrückt. »Wenn eine Sehnsucht vorhanden ist«, sagte sie, »dann wird das *Feld aller Möglichkeiten* diese Möglichkeiten schaffen.« Schließlich haben Michaela und ich uns schon viele scheinbar unmögliche Dinge gewünscht.

Hatten nicht alle gesagt, dass ich lieber nicht schreiben sollte, das würde niemals funktionieren? Ich hatte sogar einen ganzen Aktenordner voll mit Absagen, die mir bestätigten, dass ich niemals, aber auch wirklich niemals, ein Autor sein würde. Michaela und ich hatten jedoch stets daran geglaubt, und siehe da: Plötzlich war ich ein Bestsellerautor und wurde in alle Talkshows eingeladen. Plötzlich rissen sich alle Sender um mich und hofften, ein Interview zu bekommen. Und seltsam – alle, die bisher gesagt hatten, dass ich niemals ein erfolgreicher Autor werden könnte, sagten plötzlich, sie hätten schon immer gewusst, was aus mir werden könnte, und an meine Qualität geglaubt. Innerhalb eines Jahres hatte sich alles geändert. Von *niemals* zu *hochgeachtet.*

Interessanterweise meinten nun viele, ich würde nie mehr einen so großen Hit schreiben. Das wäre schlichtweg unmöglich. Gleichzeitig teilten mir alle mit, ich dürfte von nun an nur noch über Partnerschaften schreiben, – schließlich war das erste Buch ein Partnerschaftsratgeber (»Glücksregeln für die Liebe«) – und ich würde ab jetzt nur noch in diese Schublade passen.

Wir wissen ja nun alle, was daraus geworden ist: Mein zweites Buch »Erfolgreich Wünschen« war noch weit erfolgreicher als das erste, und wieder hatten alle Zweifler es gleich gewusst. Inzwischen habe ich 19 Bücher geschrieben, davon waren neun auf den Bestsellerlisten und manche von ihnen sogar gleichzeitig.
Als wir unsere Mind Map machten, waren wir noch weit davon entfernt. Ich hatte einen Bestseller geschrieben, wir wussten nicht genau, wie es weitergehen sollte, und wir hatten nur eine Zeichnung voller Träume und Ideen und Sehnsüchte, die zu diesem Zeitpunkt für mich nicht sehr realistisch klangen.
Wir hängten diese Zeichnung über meinem Schreibtisch auf. Anfangs hoffte ich, dass sie niemand zu sehen bekam. Das wäre doch auch zu peinlich gewesen. Gerade mal ein Buch geschrieben und schon den ganz großen Träumen nachhängen.
Aber so ist das mit den Zweifeln: Je größer die Träume, desto mehr belächeln und bewerten wir uns selbst und desto kleiner und ohnmächtiger fühlen wir uns. Mir erging es da nicht anders.
Allerdings: Wie war das mit den Wünschen? Auch Zweifel sind Wünsche! Alles was wir denken, all unsere Überzeugungen und Meinungen über uns, all das verwirklicht sich, weil wir unseren Fokus darauf ausrichten.

**Sollte meine Mind Map an Kraft gewinnen,
müsste ich all meine negativen
und bremsenden Bewertungen über mich verändern.**

Auch wenn es mir nicht leichtfiel: Von diesem Moment an betrachtete ich diese Zeichnung – mein künftiges berufliches Leben – mit Wohlwollen. Jeden einzelnen Punkt bejahte ich. Warum auch nicht, es stimmte ja. Das alles wollte ich doch so gerne in meinem Leben haben.

Und es war seltsam: Kaum war meine Entscheidung gefallen, veränderte sich mit jedem Tag etwas. Immer wenn ich an meinem Schreibtisch saß, sah ich meine Visionen auf diesem Papier an der Wand hängen, und sie wurden von Tag zu Tag klarer und präsenter. Plötzlich waren sie gar nicht mehr so überheblich oder größenwahnsinnig. Innerhalb weniger Wochen haben sie mich verändert, sogar wachsen lassen. Irgendwie musste ich meine Visionen gar nicht mehr willentlich bejahen. Sie wurden ein Teil von mir. Heute, wenn ich auf diese wundervolle Mind Map von damals blicke, kann ich nur eines sagen:

Jeder einzelne Punkt, jede einzelne Vision wurde zu meiner Realität.

Manche von ihnen verwirklichten sich auf wundervolle Weise, ohne dass ich sie forciert oder intensiver angestoßen hätte.

Die Sache mit der Kolumne ist ein gutes Beispiel dafür, wie Dinge auf uns zukommen, wenn wir fest im Glauben bleiben.

Auf meiner Mind Map stand also auch, dass ich eine wöchentliche Kolumne für eine große Zeitschrift in Deutschland schreiben würde. Dies war so ein Wunsch, der eigentlich gar nicht so einfach zu verwirklichen sein würde. Schließlich veränderte sich gerade die Welt der Zeitschriften. Alle Verlage verschlankten sich, immer mehr Illustrierte wurden eingestellt. Die wenigen, die verblieben waren, hatten natürlich schon lange Kolumnisten, manche von ihnen sogar drei. Und jeder Kolumnist klammerte sich an seinen Job, denn dies bedeutete jede Woche gutes Geld.

Also die Chancen standen schlecht.

Aber Tag für Tag sah ich meine Vision an der Wand hängen. Woche für Woche. Und ich wusste, jeder Tag brachte mich meinem Ziel näher.

Für mich war klar: Der Zug fuhr bereits, die Reise hatte begonnen. Das Einzige, was es für mich zu tun gab, war:

1. Fest in meinem Glauben zu bleiben – also offen für die Möglichkeiten zu sein.
2. Bereit zu sein – also bereits die ersten Kolumnen zu schreiben.
3. So zu tun als ob.
4. Und meiner Intuition zu folgen, was ich sowieso immer sehr intensiv tue.

Ich spüre einfach in mich hinein. Ich tue etwas, was man »Vorfühlen« nennt, und wenn es sich gut anfühlt, sage ich dazu »ja« und tue es. Fühlt es sich weniger angenehm an, sage ich »nein« und tue es nicht. Mit diesem Weg bin ich stets gut gefahren.
Es war Oktober geworden, viele Visionen begannen sich bereits zu erfüllen, nur die Kolumne war nirgends in Sicht.
Wie immer um diese Zeit bekamen wir viele Einladungen zum Oktoberfest. Nun bin ich nicht gerade der große Partygänger oder Polonaise-Tänzer oder Biermaß-Stemmer und so war meine Familie darauf vorbereitet, dass wir die Einladungen absagen würden. Aber seltsamerweise wollte ich, nachdem ich wie immer kurz *hineingefühlt* hatte, eine dieser Einladungen wahrnehmen.
Michaelas große Augen sahen mich an. Was sollte ich machen? Es fühlte sich gut an. Michaela fragte nicht zweimal nach, sie freute sich, mit mir auszugehen.
Die Einladung stammte von einem der größten Verlagshäuser Deutschlands, und sie hatten eine riesige Box in einem der Bierzelte gemietet.
Als wir ankamen, gab es zunächst das übliche Blitzlichtgewitter. Danach wurden wir am Eingang der Box vom Chefredakteur

begrüßt. Also bis dahin alles ganz normal. Doch plötzlich nahm er mich kurz beiseite und fragte mich sehr interessiert:
»Sagen Sie mal, Sie machen doch das mit den Wünschen?«
»Ja«, sagte ich.
»Haben Sie denn schon mal daran gedacht, darüber eine Kolumne zu schreiben?«
Ich versuchte, mein Erstaunen zu verbergen. Sollte meine Mind Map tatsächlich so einfach funktionieren? Sollte das, was ich mir so sehr gewünscht hatte, tatsächlich Realität werden?
»Da habe ich noch gar nicht darüber nachgedacht«, sagte ich und tat so, als würde ich überlegen. Aber bevor er etwas sagen konnte, fügte ich rasch hinzu: »Aber Sie haben recht, das ist eine sehr gute Idee.«
Am nächsten Tag war ich in seinem Büro und unterschrieb den Vertrag. Und so war ich fast drei Jahre lang wöchentlicher Kolumnist bei der Zeitschrift »die aktuelle«. Wenn du Lust hast, kannst du alle Beiträge auf meiner Website ansehen.
Da das Vorfühlen für das *Erfolgreich Wünschen* so effektiv ist, möchte ich gerne etwas näher darauf eingehen.
Das Vorfühlen ist eine Methode, die ich sehr gerne anwende, um Entscheidungen zu treffen.

Übung: Vorfühlen

Probiere doch einfach mal selber aus, gewisse Dinge oder Ereignisse vorzufühlen. Es ist einfacher als du denkst.

- Am besten suchst du dir einen ruhigen Ort dafür aus.
- Setze dich ganz entspannt hin. Atme ein paar Mal ruhig durch. Wichtig ist, dass du nicht versuchst, Dinge willentlich zu entscheiden oder deine Gefühle zu beeinflussen, weil dir vielleicht ein ganz bestimmter Ausgang besser gefallen würde.

- Beim Vorfühlen bewerten wir nicht. Wir lassen den Verstand vollkommen außen vor.
- Und nun suche dir ein kommendes Ereignis heraus, welches du gerne vorfühlen möchtest – zum Beispiel jemanden treffen oder einen bestimmten Job annehmen oder eine Reise antreten. Gehe gedanklich zum Moment des Ereignisses. Wie fühlt es sich an? Man könnte auch sagen, wie wird es sich anfühlen? Wichtig ist, sich dabei vollkommen frei zu machen. Wir wollen nur wissen, ob das Gefühl angenehm oder unangenehm ist.
- Falls Ängste hochkommen oder Herzklopfen, frage dich, woher diese Ängste kommen. Sie haben oftmals mehr mit unserer bisherigen Erfahrung – also mit ähnlichen Ereignissen aus der Vergangenheit – zu tun. Wir fühlen dann aus unserer bisherigen Geschichte heraus. Dies ist nicht wirklich wertfrei. Entscheiden wir nur aus diesen Ängsten heraus, werden wir niemals größer werden als unsere Ängste. Wenn wir zum Beispiel Herzklopfen spüren oder eine gewisse Aufregung, kann es sein, dass es eine ähnliche Situation in unserem Leben gab, die uns überfordert hat. Das bedeutet aber nicht, dass es sich diesmal nicht anders entwickeln kann.
- Wir entscheiden also nicht von unseren bisherigen Erfahrungen heraus, sondern allein aus dem künftigen Betrachten einer neuen und kommenden Situation. Möchten wir zum Beispiel den Menschen unseres Herzens ansprechen und haben es bisher nie gewagt, kann es sein, dass wir zunächst nur unsere bisherige Überforderung spüren. Dann atme ruhig durch. Warte, bis die Aufregung sich legt. Wenn du wieder frei bist, gehe wieder gedanklich zurück zu der Situation.

- Fühle einfach nur. Ist das Gefühl angenehm oder unangenehm? Lässt es dich lächeln oder die Stirn runzeln?
- Mit ein bisschen Übung wirst du rasch feststellen, wie leicht es ist, sich in Dinge hineinzudenken und vorzufühlen.

Mach diese Übung sooft du kannst.
Entscheide auch ruhig mal gegen dein Gefühl. Aber merke dir gut, was dein Gefühl dir gesagt hat. Auf diese Weise lernen wir schnell, was gut für uns ist.
Ich habe ebenso üben dürfen. Und immer, wenn ich nicht auf mein Gefühl gehört habe, musste ich feststellen, dass ich es besser getan hätte.

Vorfühlen macht vieles im Leben einfacher.

Nutze die Kraft der Gruppe

Es gibt so viele kraftvolle Dinge, die uns beim *Erfolgreich Wünschen* unterstützen. Es ist zum Beispiel hilfreich, die richtigen Mitstreiter zu finden. Wenn wir immer nur alleine sind, kann es mitunter sehr anstrengend sein, Änderungen in unserem Leben zu beginnen oder gar konstant aufrechtzuerhalten. Kein Wunder, wir benötigen Inspiration, Motivation und erfolgreiche Vorbilder, damit wir die ersten Schritte überhaupt wagen. Mit dem richtigen Umfeld, das uns unterstützt oder gar auffängt, mit den richtigen Menschen, die uns mögen und uns motivieren, können wir Berge versetzen. Sogar die Berge an Zweifeln.

**Wenn du schnell gehen willst, gehe alleine.
Wenn du weit kommen willst, gehe mit anderen.**

Möchtest du viel bewirken, suche dir Menschen in deinem Umfeld, die ähnlich denken wie du, Menschen, die dich unterstützen und motivieren.

Gemeinsam mit anderen wächst auch unser Selbstvertrauen

In der Gruppe spüren wir unsere eigene Kraft. Denn auch wir können andere unterstützen und motivieren. Wenn wir für andere da sein können, entdecken wir etwas sehr Wesentliches: unseren Lebenssinn. Wir wollen etwas ausmachen in dieser Welt. Wir wollen wahrgenommen werden. Wir wollen einen Beitrag leisten. Das ist der Wesenskern des Menschen.

Der Herzenswunsch vieler, vieler Menschen ist es, anderen zu helfen und sie zu unterstützen.

Aus diesem Grund haben wir eine eigene Plattform im Internet gebaut: »Happiness House«. Dort coachen wir Menschen, bringen sie zusammen und helfen uns gegenseitig.
Wie stark die Kraft der Gruppe sein kann, und wie effektiv und wundervoll sich – anfangs völlig fremde – Menschen unter die Arme greifen und gegenseitig gern helfen, kannst du tagtäglich in unserer www.Happiness-House.de Community erleben.

Gemeinsam kann man wesentlich mehr erreichen als alleine.

Aber das ist noch nicht alles. Die Wissenschaft fand sogar noch etwas viel Erstaunlicheres heraus.

Die Kraft der Gruppe ist messbar

Bereits 1972 gab es die ersten groß angelegten Studien in über 24 nordamerikanischen Städten mit mehr als 10.000 Einwohnern. Man bat eine Gruppe von ausgewählten Menschen, zu einer bestimmten Zeit zu meditieren, und begann die Veränderungen in den jeweiligen Städten zu messen. Das Ergebnis war mehr als beeindruckend: Solange die Meditation anhielt, gingen die Straftaten nachweislich zurück. Es gab weniger Einbrüche, weniger Diebstähle, weniger Gewalt und sogar weniger Unfälle.

Jahre später wiederholte man das Projekt. Das »International Peace Project in the Middle East« brachte ebenso absolut erstaunliche Resultate hervor (veröffentlicht 1988 im »Journal of Conflict Resolution«).

Diesmal war die Ausgangssituation ungleich schwerer. Die Auseinandersetzungen zwischen dem Libanon und Israel hatten gerade ihren Höhepunkt erreicht, und genau mitten in diesem Kriegsgebiet bat man erneut eine Gruppe von Menschen, sich in die Vorstellung von Frieden und Harmonie zu vertiefen. Das Ergebnis war erstaunlich: Jedes Mal, wenn die Gruppe *meditierte*, nahmen die Kriegsaktionen nachweislich ab:

»Die Ergebnisse waren so klar und eindeutig, dass die beteiligten Wissenschaftler sogar zweifelsfrei bestimmen konnten, wie groß die Anzahl der jeweiligen Teilnehmer sein musste, damit der in der Meditation erzeugte innere Frieden sich auch im Außen niederschlagen konnte.«

Das wirklich Erstaunlichste daran: Es sind weniger Menschen nötig, als man vermuten würde. Man braucht nur die Quadratwurzel von einem Prozent der Bevölkerung, auf die man einwirken möchte. Klingt kompliziert, ist aber ganz einfach. Bei einer Bevölkerung von einer Million sind das 100 Menschen. Eine Stadt mit 1 Million Einwohner benötigt nur 100 Menschen, um von ihnen beeinflusst zu werden.
Aber auch das ist noch nicht alles. Was jetzt kommt, klingt zunächst unfassbar und zeigt, wie mächtig wir als Gesamtgruppe sind.

Große Ereignisse sind vorher spürbar

Die immense Kraft der Gruppe – auch global auf die ganze Menschheit – wurde und wird immer wieder von führenden Wissenschaftlern untersucht und messbar gemacht. In dieser Hinsicht hat sich das »Global Consciousness Project (GCP)« besonders verdient gemacht. Ins Leben gerufen wurde dieses Projekt von Dr. Robert Nelson, Professor an der Princeton Universität in den USA. Er ist als der erste Wissenschaftler bekannt geworden, der mit mathematischen Formeln beweisen kann, was unsere Urväter und Urvölker schon immer gesagt haben: Wir sind alle eins.
Er hat einen Weg gefunden, wie man das Feld globalen Bewusstseins messen kann, und hat auf diese Weise festgestellt:

**Wir sind alle Zellen eines einzigen »Körpers«:
der Menschheit.**

Der wissenschaftliche Name dieses Phänomens lautet »Electrogaiagram« (EGG). Ein Netzwerk von Hunderten von Computern steht in vielen Teilen der Welt und misst und verarbeitet diese Daten 24 Stunden lang, sieben Tage die Woche. Die gesammelten Daten

werden dann an den Hauptcomputer an der Princeton Universität gesendet und dort ausgewertet. Dieser Computer hat die Aufgabe, irgendwelche Anomalien im globalen Verhalten zu finden. Eine Anomalie wird erst dann aufgespürt, wenn etwas anders ist als der normale Datenstrom, der täglich hereinkommt.
Jetzt wird es spannend:

Diese Anomalien treten auf, BEVOR ein wesentliches globales Ereignis stattfindet.

Ein globales Ereignis ist zum Beispiel eine Terrorattacke oder ein Erdbeben. So haben die Wissenschaftler zum Beispiel eine Anomalie entdeckt – vier Stunden *bevor* am 11. September 2001 die Zwillingstürme in New York durch den Terroranschlag attackiert wurden. Ähnliche Anomalien wurden festgestellt, *bevor* die Terrorattacke in Madrid im Jahr 2004 stattgefunden hat, ebenso vor dem Anschlag in London im Jahr 2005.
Was alle diese Ereignisse gemeinsam haben ist, dass Millionen von Menschen ihre Aufmerksamkeit in eine bestimmte Richtung lenken. Diese Aufmerksamkeit fokussiert sich – wie bei einem Brennglas – auf ein bestimmtes Ereignis und beeinflusst somit massiv das kollektive globale Bewusstsein. Das Feld ist so stark, dass es sogar eine künstliche Intelligenz – wie einen Supercomputer – beeinflussen kann.

Dieses starke kollektive Bewusstseinsfeld kann man willentlich erzeugen.

Dies geschieht zum Beispiel, wenn eine große Menge an Menschen zusammenkommt und in eine einzige Richtung denkt; eine Weltfriedensmeditation ist so ein Ereignis.

Stell dir vor, was für eine wundervolle Welt das wäre, wenn wir uns alle auf das Positive konzentrieren würden!

Wenn wir alle Zellen einer einzigen, großen Wesenheit sind, eines Bewusstseinskörpers, der von unseren Gedanken, Gefühlen und Taten gespeist wird – dann sollten wir uns in Gemeinschaften und Gruppen zusammentun, um an einer gesunden und angenehmen Wirklichkeit zu bauen.
Als das Buch *Erfolgreich Wünschen* zum ersten Mal veröffentlicht wurde, hat sich eine sehr schöne Gruppendynamik entwickelt. Sehr viele Leserinnen und Leser haben damit begonnen, einmal in der Woche gemeinsam ein Wunschritual auszuführen. Begonnen hat alles auf meiner Homepage im Forum; mittlerweile hat es sich ausgeweitet und ist zu einer Institution geworden. Inzwischen wünschen Tausende – jeden Freitagabend – gemeinsam mit uns.
Möchtest du auch dabei sein? »Gemeinsam Wünschen« kannst du jeden Freitag um 20 Uhr auf www.pierrefranckh.de
Wenn du an diesem positiven Bewusstsein mitbauen willst – natürlich auch, wenn du deine persönlichen Ziele erreichen willst – dann besteht der erste Schritt darin, sich erst einmal bewusst zu werden, was man so den ganzen Tag denkt.

Unsere Wirklichkeit entsteht aus der Summe unserer Gedanken. Die Gedanken sind der Ursprung.

Um dir deiner Gedanken, die täglich selbstständig ablaufen, bewusst zu werden und künftig mehr positive, hilfreiche Gedanken zu verfolgen, ist folgende Übung sehr hilfreich.

Übung: Ich beobachte und wandle meine Gedanken

- Nimm dir einen Kalender oder ein Reinschreibbuch und mache daraus einen Wochenkalender. Jede Seite bekommt ihren Tag zugeteilt, beginnend mit Montag, Dienstag usw.
- Wenn du am Montag anfängst, dann schreibe hinein, mit welchen Gedanken du bereits aufgestanden bist:
    - Bist du mit Sorgen aufgestanden?
    - An was hast du gedacht?
    - An welche Person hast du gedacht?
    - Hat dich dieser Gedanke aus deiner Mitte geworfen?
    - Hat dieser Gedanke dir gutgetan?
    - Wo hat dich der Gedanke hingeführt?
    - Welche Gefühle hast du dadurch gehabt?
    - Zu welchen Handlungen hat dich dieser Gedanke hingeführt?
    - Was hast du entschieden zu tun?

- Diese Notizen machst du bitte für jeden Tag, bis du die Woche voll hast.
- Lies am Ende der sieben Tage durch, was du aufgeschrieben hast, und analysiere, wie viele Gedanken positiv oder negativ sind.
- Triff die Entscheidung, pro Tag mehr positive Gedanken zu denken, mehr positive Handlungen zu vollführen – und schließe dich einer Gruppe von Menschen an, welche die gleiche Absicht haben wie du.
- Fokussiere dich nun regelmäßig auf das Positive – mach es zu deinem wöchentlichen Ritual.

- Wähle einen Tag in der Woche aus, an dem du dich mental mit einer Gruppe Gleichgesinnter »triffst« und dich auf die positive Kraft konzentrierst.
- Du kannst es auch »Meditation« nennen oder »Wunschritual« – wie du magst. Wichtig ist einfach, dass du es tust und aktiv dabeibleibst.

Du bist natürlich herzlich eingeladen, es gemeinsam mit uns am Freitagabend zu tun (www.pierrefranckh.de) oder dich direkt mit vielen Gleichgesinnten auszutauschen (www.Happiness-House.de).

Regel 5
Vertrauen statt Zweifeln

Zweifel sind eine weitere Form von Glaubenssätzen, die sich auf das Wünschen sehr negativ auswirken. Will man *Erfolgreich Wünschen*, ist es ganz wichtig, den Zweifeln keine Nahrung zu geben, denn Zweifeln ist nichts anderes als an die Nicht-Erfüllung des eigenen Wunsches zu glauben.

Wer behauptet, nicht daran zu glauben,
glaubt in Wirklichkeit ebenso:
Er glaubt an das Gegenteil seines Wunsches.

Wir glauben immer irgendetwas, und sei es nur, dass es nicht funktioniert.

Seltsamerweise sind wir in unserem Zweifel besser und intensiver als in unserem Glauben an das *Erfolgreiche Wünschen.* Mit Zweifeln stehen wir uns aber nur selbst im Weg. Mit dem Zweifel ruft man seine Wünsche, kaum dass sie ausgesandt wurden, wieder zurück.

Oft wird parallel zum Wunsch gesagt oder gedacht: »Das funktioniert ja sowieso nicht.« Aber auch dieser Gedanke ist nichts anderes als ein ausgesprochener Wunsch. Die Erwartungshaltung lautet dann: »Es funktioniert nicht.« Oder: »In meinem Leben funktioniert es nicht.« Und was wird dann geschehen? Dieser ausgesandte Wunsch wird genauso ausgeliefert.

Zweifel ist auch ein ganz klarer »Wunsch«

Wenn man sich also entscheidet, sich zu beschränken, wird man genau diese Beschränkung erleben.
Auch mit ängstlichen Gedanken bremst man seinen Wunsch. Hinter dem Gedanken: »Was mach ich denn nur, wenn das jetzt nicht klappt?« verbirgt sich im Grunde ebenfalls der Zweifel. Wäre man überzeugt, dass sich der Wunsch erfüllt, bräuchte man die Sorge ja nicht länger. Die Besorgnis zeigt einem nur, dass man eher am Zweifel festhält als an der Erfüllung.
Viele sagen dann: »Ich habe es mir so sehr gewünscht, aber es ist nie eingetreten. Ich habe es ja gleich gewusst.« – Aber was haben sie gleich gewusst? Sie wussten mit Sicherheit, dass das Wünschen bei ihnen nicht funktioniert. Dieses Wissen sandten sie gleichzeitig mit dem Wunsch hinaus und nahmen ihm damit alle Energie.
Der bewusst formulierte Wunsch wird also meist überlagert von unbeabsichtigt gedachten Zweifeln. Wie erfolgreich das Wünschen tatsächlich ist, sehen wir daran, mit welcher Beharrlichkeit der negative Wunsch, also die Selbstverhinderung, in unser Leben tritt.

**Wir sind immer erfolgreich.
Meistens mit der Erschaffung unseres Misserfolgs.**

Alles positive Denken, alle Mantras dieser Welt helfen nicht, wenn wir tief in unserem Inneren ständig an Mangel und Begrenzungen denken. Denn der Zweifel ist eine tief verwurzelte Einstellung. Er ist ein fest verankerter Glaube, der sich genauso verwirklicht.

**Wer nicht an den Erfolg glaubt,
kann keinen Erfolg haben.**

Der Weg raus

Was macht man nun mit seinen Zweifeln? Mit der kleinen Stimme im Ohr, die ständig sagt, das steht einem nicht zu, das funktioniert sowieso nicht? Wie schafft man es, nicht auf sie zu hören oder daran zu denken?

Das ist wie mit der Schokolade, an die man nicht denken soll, wenn man abnehmen will. Man versucht dann ganz bewusst, »nicht« an Schokolade zu denken, und denkt erst recht daran. An etwas nicht zu denken geht ganz offensichtlich nicht, weil man durch den Versuch, nicht daran zu denken, erst recht daran denken muss.

Vermeiden ist also eine schlechte Strategie, weil man dadurch den Gedanken erst recht erschafft.

Am besten ist es also, die Gedanken zuzulassen und nicht zu bewerten. Sie sind da, sie blubbern nach oben, werden kurz betrachtet – es sind ja nur Gedanken, denen wir keine weitere Kraft und Bedeutung schenken – und werden unkommentiert wieder losgelassen und weitergeschickt.

Neue Gedanken kommen, manche aus dem Tagesgeschehen, andere aus unserer Vergangenheit. Es sind nur Gedanken, an ihnen ist nichts Schlimmes. Erst wenn man sich über sie ärgert, beginnen sie einen zu stören. Erst wenn man sie verhindern will, bekommen sie Macht. Denn erst durch die Überzeugung »Ich schaffe es einfach nicht« oder »Dauernd stören meine Gedanken und vernichten alle meine Wünsche« erschafft man dieses Szenario.

Zulassen und nicht bewerten ist also der einzige Weg. Gedanken kommen und gehen und stören nicht das *Erfolgreiche Wünschen.* Man vertraut auf seine Wünsche. Störende Gedanken haben keine Kraft, weil man ihnen keine Kraft schenkt.

Wir können noch einen Schritt weitergehen und den Spieß umdrehen:

Warum immer nur das Gute bezweifeln?
Warum nicht mal das Schlechte infrage stellen?

Wir können doch daran zweifeln, ob die negativen Gedanken wirklich unsere Wahrheit sind. Mit dem Zweifel können wir so auch die ständige Manifestation unserer hinderlichen Glaubenssätze bremsen. Aus eigener Erfahrung weiß ich allerdings, wie schnell man seinen eigenen negativen Zweifeln erliegen kann. Vor allem, wenn der persönliche Druck zunimmt.

Der Wunsch nach dem idealen Haus

Als wir von Bonn nach München umziehen wollten, hatten wir nur mein kleines Büro in München. Michaela wollte unbedingt eine wunderschöne Bleibe ganz in der Nähe finden, damit ich nicht jeden Tag durch den Berufsverkehr fahren müsste. Sie ging sogar noch einen Schritt weiter. Sie war überzeugt, dass wir maximal drei Gehminuten entfernt ein wunderschönes Häuschen zur Miete finden würden. Ich war ebenso überzeugt. Schließlich war unser Wunsch doch schon abgeschickt.
Aber wo immer wir auch nachfragten, ernteten wir nur ungläubiges Kopfschütteln. Die zuständigen Makler machten uns schnell klar, dass wir unter einem Jahr mit Sicherheit nichts finden würden. Nicht in dieser Gegend, sie hätten bereits Leute, die im Hotel wohnen würden, weil es einfach kein Angebot in dieser Gegend gäbe. Unsere Zeitungsannoncen wurden nicht einmal beantwortet. Je intensiver wir suchten, desto unmöglicher schien die Erfüllung unseres Wunsches zu sein.

Vier Wochen vor dem geplanten Umzug wurde die Umzugsfirma langsam nervös. Sie wollte endlich wissen, wohin die ganzen Möbel transportiert werden sollten. Ich übrigens auch.
Sie mussten Parkgenehmigungen besorgen und Halteverbotsschilder aufstellen. Aber das »gewünschte« Haus war noch immer nicht in Sicht. Im Gegenteil: Es war mir klar, dass wir scheitern würden. Wir hatten unser Glück zu weit herausgefordert.
Und da begannen Zweifel in mir zu arbeiten. Ich überlegte mir schon mal sicherheitshalber, ob wir nicht einen Lagerraum für unsere Möbel anmieten sollten. Ich war überzeugt, diesmal würde es schiefgehen. Aber Michaela blieb unerschütterlich in ihrem Glauben: »Das Haus wird kommen, wir haben es gewünscht, also warum daran zweifeln?« Natürlich hatte sie recht. Natürlich. Aber das hier war doch nun langsam eine ziemlich ernste Situation. Was war denn, wenn das Universum ein anderes Zeitverständnis hatte als wir? Oder aber gerade unglaublich viele andere Wünsche eingingen und sie nach Eingangsdatum abgearbeitet wurden? Vielleicht war unser »Sachbearbeiter« noch mit ganz anderen Dingen beschäftigt? Wesentlich wichtigeren als unserem kleinlichen Hauswunsch in absoluter Nähe zu meinem Büro.
Und was sollten wir den Umzugsleuten sagen? »Wir haben gerade einen Wunsch beim Universum aufgegeben und daran darf man nicht zweifeln.« Die hätten uns doch alle für komplett bekloppt gehalten.
Ehrlich gesagt, es gab Momente, da hielt ich Michaela auch für … Na, sagen wir mal, stur. Aber letztendlich war mir unsere Ehe wichtiger als die immer wahrscheinlicher werdende Gefahr, mit den Möbeln auf der Straße zu sitzen. Eigentlich kam mir der Gedanke ganz witzig vor: mit Kaffeetassen auf dem Sofa zwischen parkenden Autos. Doch wenn es dann zu regnen anfing?
Mit jedem Tag wurde ich nervöser. Vor allem da Michaela in ihrem

grenzenlosen Urvertrauen allen Maklern, die nicht ebenso wie sie an den Erfolg glaubten (und das waren alle), abgesagt hatte. Warum sollte sie sich mit Energien umgeben, die gegen ihren Wunsch arbeiteten, meinte sie. Wir hatten also kurz vor dem Umzug noch immer kein Haus und auch niemanden mehr mit der Suche beauftragt.

Bisher war ich im *Erfolgreich Wünschen* ausgesprochen gut gewesen, doch nun waren eindeutig Grenzen aufgetaucht. Nicht jedoch für Michaela. Frauen sind ja so unglaublich irrational. Jeder rationale Gedanke scheint ihnen fremd. Aber der Termin rückte näher und näher. Irgendwann würde auch Michaela der Wahrheit ins Auge sehen müssen. Und die grausame Wahrheit war so offensichtlich. Diesmal hatte die prompte Lieferung nicht geklappt. Unsere Möbel würden auf die Straße gekippt werden.

Aber – für mich unfassbar – Michaela wollte dieser Wahrheit nicht ins Gesicht sehen. Für sie gab es keinen Grund zu zweifeln. Im Gegenteil, sie animierte mich dazu, meinen Zweifeln keinen weiteren Raum zu schenken und voller Vertrauen an der Erfüllung unseres Wunsches festzuhalten.

Und dann geschah tatsächlich das Wunder. Es begann zunächst ganz unscheinbar in einer Apotheke. Die Besitzerin erkannte uns wieder. Sie hatte uns vor vielen Jahren einen Schwangerschaftstest verkauft und zwei Stunden später einen zweiten, weil das Ergebnis nicht eindeutig war und ich Michaela so lange nervte, bis sie die Apothekerin um Rat fragte. War das nun ein Strich oder zwei Striche? Bekamen wir denn jetzt ein Kind oder keines? Sie konnte sich noch ganz gut daran erinnern. Wir kamen ins Gespräch und plötzlich erzählte sie, dass einer ihrer alten Freunde wegziehen und sein Haus vermieten würde. Hier, gleich um die Ecke.

Keine zehn Minuten später riefen wir dort an und vereinbarten für den nächsten Tag einen Termin. Aber natürlich hielten wir es nicht so lange aus. Am gleichen Nachmittag schlichen wir um das Haus herum und betrachteten es schon mal von außen. Es gefiel uns. Es war unser Haus. Es fühlte sich an wie unser Haus. Aber am nächsten Tag sollte der offizielle Termin für alle anderen Interessenten sein. Wieso sollten gerade wir dieses Haus bekommen?

»Vielleicht weil wir es gewünscht haben und es gerade geliefert wird«, lächelte Michaela mit ihrem unerschütterlichen Glauben.

Und da geschah das zweite Wunder oder die zweite Rate der Lieferung.

Als wir uns wieder langsam vom Haus entfernten, kam eine ältere Dame und wollte das Gartentor öffnen. Aber es klemmte. Wir waren bereits recht weit entfernt, da rief sie uns zurück und bat uns, ihr zu helfen. Wir öffneten nicht nur das Gartentor, sondern auch die Haustür, und als wir der Frau erzählten, dass wir am nächsten Tag mit allen anderen das Haus besichtigen wollten, lud sie uns ein, es doch sofort zu tun. Auf diese Weise bekamen wir eine ganz private Führung durch »unser« Haus.

Das Haus war genau das, was wir gesucht hatten. Wir waren begeistert. Wir sahen vor unserem inneren Auge schon die Zimmeraufteilung und wussten, welche Möbel wir wohin stellen wollten.

Aber noch war es nicht so weit. Die ältere Dame mochte keine Entscheidung vorwegnehmen, aber man war sich sympathisch, und sie wollte mit ihrem Sohn telefonieren, der dies alles abwickeln würde. Am nächsten Tag lernten wir dann die ganze Familie kennen. Bevor die anderen Interessenten kamen. Es war ein wundervoller Nachmittag und allen war klar, dass wir das Haus bekommen sollten. Obwohl andere anschließend bedeutend mehr Geld boten und vermutlich ein wesentlich sichereres Einkommen vorzuweisen hatten als wir, hielten wir kurz darauf den Mietvertrag in unseren Händen.

Wunder? Zufall? Oder die Lieferung unseres Wunsches?

Es gab allerdings ein großes Handicap. Das Haus stand erst in drei

Monaten zur Verfügung. Es war noch voll möbliert und es gab für die Vermieter keine Möglichkeit, zu einem früheren Zeitpunkt das Haus zu verlassen.
Aber selbst das war keine Schwierigkeit. Wir durften alle Möbel sofort ins Haus stellen und würden für eine kurze Übergangszeit im Büro übernachten.
Kurz darauf zogen sie doch früher aus als geplant und wir somit früher ein. In unser wundervolles »wunschgerecht« und termingerecht geliefertes Haus.
Es kam noch besser. Nicht nur, dass das Haus genau unseren Wünschen entsprach und mein Büro nur drei Gehminuten entfernt war, waren die Vermieter eine wahre Freude an Menschlichkeit und die Nachbarn ein außergewöhnlicher Glücksfall.
Michaela hatte also recht. Geliefert wird immer. Warum dann daran zweifeln?

Zweifel ist so etwas
wie eine Stornierung des Wunsches.

Zweifel ist so etwas wie ein *Gegenwunsch.* Man bestellt alles wieder ab. Zweifel sendet die Information aus, es wird ja doch nichts. Der Wunsch lautet dann ganz einfach: »Es läuft schief.« Was das Universum dann liefert, ist die Bestätigung unserer Vorstellung, dass es eben nichts werden kann.
Mit Sicherheit wäre dies meine Erfahrung geworden, wenn Michaela nicht so standhaft geblieben wäre.
Für unsere Wünsche ist es manchmal also sehr wesentlich, dass wir an unserer Entscheidung festhalten, auch wenn die Zweifel überhandnehmen. Zweifel werden meistens von unseren Befürchtungen gespeist. Aber die Befürchtungen müssen nicht so eintreffen. Die Wissenschaft weiß längst:

Der Ausgang eines Wunsches ist stets nach beiden Seiten offen.

Allerdings dürfen wir beim Wünschen nicht so sehr auf unseren Verstand hören. Unser Verstand ist nicht für Wunder zuständig. Er urteilt nur auf Basis weit zurückliegender Erfahrungen. Wollen wir neue, positive Erfahrungen machen, dürfen wir nicht unseren Verstand befragen. Und schon gar nicht auf unsere Zweifel hören. Denn unsere Zweifel erschaffen erst das Resultat, das wir so befürchten. Wir sagen dann gerne: »Das habe ich mir doch gleich gedacht.« Stimmt. Das haben wir uns so erdacht. Unsere Erwartungen wurden erfüllt.

Fallen wir in unsere Ängste zurück, bestimmen wir auf diese Weise die Entwicklung.

Wie stark unsere Erwartungen auf unsere Wünsche und auf unser Umfeld einwirken, haben wir ja bereits in der Übung »Was erwarte ich?« gesehen. Im Kapitel »Intuition« werden wir noch einmal genauer darauf zurückkommen. Dann erfahren wir, dass auch die sogenannten Zufälle von unseren Erwartungen gesteuert werden.
In diesem Kapitel geht es jedoch erst einmal darum, unser Vertrauen zu stärken und unseren Zweifeln wenig Raum zu geben.
Wie gewinnen wir also mehr Vertrauen in unsere Entscheidungen? Indem wir unserem Verstand und unserem Bauch Erfolge präsentieren!
Wenn wir mehr und mehr positive Erfahrungen machen, dann gewinnen wir mehr und mehr Vertrauen in unsere Entscheidungen. Und dann wird der »Kopf« nicht mehr dazwischenfunken, wenn wir uns etwas wünschen, was im ersten Augenblick *unmöglich* aussieht.

Um mehr Vertrauen zu gewinnen ist folgende Übung sehr effektiv:

Übung: Ich vertraue meinen Entscheidungen

- Nimm ein Blatt Papier und einen Stift zur Hand. Lege beides vor dich hin und bereite dich auf diese Übung mittels entspannter Bauchatmung vor.
- Atme tief in den Unterbauch hinein, lass deine Schultern nach unten sinken und wiederhole die Atmung ein paarmal.
- Wenn du so weit bist, dann beginne ganz entspannt.
- Liste doch einmal alle erfolgreichen Entscheidungen auf, an die du dich erinnern kannst. Dies sind all die Momente und Dinge, die du irgendwann in deinem Leben entschieden hast und die dich weitergebracht haben.
- Das kann deine Berufswahl sein oder das »Ja« zu einem anderen Menschen. Vielleicht dein heutiger Partner. Vielleicht ist es der Ort, in dem du lebst. Vielleicht der Kauf eines Buches. Oder der Besuch eines Kurses.
- Für all das hast du dich irgendwann einmal entschieden.
- Das können materielle, aber auch andere Dinge sein. Vielleicht der Mut, Vater oder Mutter zu werden. Oder die Wahl einer Schule oder Universität. Das kann auch die Kraft gewesen sein, etwas Schöpferisches zu machen. Vielleicht hast du zu malen oder zu schreiben begonnen.
- Es spielt keine Rolle, ob es sich um sogenannte große Dinge handelt oder um kleine. Wichtig ist, dass du NUR Erfolge notierst!
- Wir trainieren gerade unser Gehirn. Unser Gehirn soll lernen, dass Entscheidungen sehr positiv sein können. Auch wenn wir neue, unbekannte Wege betreten.

- Du wirst im Laufe dieser Übung bemerken, wie du anfängst, dich zu freuen. Du hast so viel richtig gemacht im Leben. Dein Weg war wundervoll. Und mutig. Und kraftvoll. Alles hat dich zu dem Menschen werden lassen, der du heute bist. Du kannst stolz auf dich sein.
- Mit jeder Entscheidung, an die du dich erinnerst und die du notierst, wirst du gestärkt und fängst an, dir mehr Anerkennung zu geben. Bleibe also ein bisschen dabei und überlege genau, welche Entscheidungen dich in deinem Leben ebenso weitergebracht haben.
- Sage zu dir selbst ein paarmal:
    - Ich vertraue meinen Entscheidungen.
    - Ich weiß, dass nur das Beste für mich geschieht.
    - Ich bin auf allen Ebenen beschützt.
    - Es gibt für alles eine Lösung.
- Betrachte nun deine Liste und beobachte deine Gefühle dabei.
- Sicher hast du ein Lächeln auf dem Gesicht und ein leiser Anflug von Stolz regt sich. Das ist prima!
- Behalte dieses Gefühl, denn es wird dich zu weiteren erfolgreichen Entscheidungen tragen.
- In den nächsten Tagen werden dir sicherlich noch mehr erfolgreiche Dinge einfallen. Dann notiere sie ebenfalls. Und lies dir die Liste sooft es geht durch. Auf diese Weise lernt unser Gehirn, Veränderungen zu bejahen.
- Schon nach kurzer Zeit wirst du bemerken, dass es dir wesentlich leichter fallen wird, an Entscheidungen festzuhalten.

Diese Übung kannst du auch in unserer EW-3.0 APP machen.

Erweitere deine Liste um noch mehr Erfolgserlebnisse, um deinem Selbst das Gefühl zu geben, dass du sehr gute Entscheidungen gefällt hast im Laufe deines Lebens.

Es gibt noch ein außergewöhnlich lehrreiches Erlebnis von mir, dass ich dir nicht vorenthalten möchte. Vor allem weil es sehr gut zeigt, was man mit dem eigenen Vertrauen alles erreichen kann. Da konnte selbst ein großer Zweifler nichts daran ändern. Ich sage es gleich vorweg: Der Zweifler war ich.

Als der Erfolgszug dieses Buches immer deutlicher wurde und ich begann, Seminare und Vorträge zu halten und nun sogar ständig in Talkshows zu sehen war, war mir nicht bewusst, welchen Einfluss dies auf unsere Tochter Julia haben würde.

Julia fand es durchaus immer wieder erstaunlich, als sie miterlebte, wie Menschen durch *Erfolgreich Wünschen* tatsächlich ihr Leben zum Positiven veränderten. Aber sie war ein Teenager und befand sich in dem Alter, in dem man sich freischwimmt und etwas Eigenes, Neues aufbaut.

Hinzu kam, dass andere Eltern in ihrer Schule Banker, Topmanager, Notare, Botschafter und Anwälte waren, also Eltern, die schon etwas hermachten. Sogar ein Spieler vom FC Bayern brachte jeden Tag sein Kind zu unserem Schulbus. Und wir? Na ja wir waren in ihren Augen die *Wünscher*. Wie soll man das den Mitschülern erklären? Oder gar den wissenschaftlich orientieren Lehrern?

Julia war – also sagen wir mal – skeptisch und wir waren nicht gerade das, was man stolz anderen zeigte.

Und dennoch … Ja, jetzt kommt es. Achtung! Wie der eigene Glaube zur Realität werden kann, auch wenn es noch so unmöglich erscheint, zeigt gerade das Beispiel unserer Tochter Julia.

Wie meine Tochter mich eines Besseren belehrte

Julias Plan war schon immer gewesen, in den USA zu studieren. Aber natürlich wollte sie nicht an irgendwelche unbekannte Unis, sondern natürlich nur an die besten.

Und da dies ihr Plan war, machten wir, wie alle artigen Eltern, ein Jahr vor ihrem Abitur eine Uni-Tour durch die USA. Julia hatte diese Tour zusammengestellt, und wir sahen uns dementsprechend alle Unis an, die ihr gefielen. Und so besuchten wir die Stanford, die Harvard, Yale, Columbia, Cornell und die Brown University und machten dort mit Hunderten anderen die geführten Touren mit.

Die Unis waren sagenhaft. Sie waren toll. Sie gehörten nicht umsonst zur sogenannten Ivy League. Diese Unis werden als die prestigeträchtigsten Universitäten auf der ganzen Welt betrachtet. Sie rangieren unter den 15 besten Unis der USA. Sie haben unglaubliche selektive Aufnahmequoten, die ausnahmslos im einstelligen Prozentbereich liegen. Auch dies wurde uns auf unserer Tour immer und immer wieder mitgeteilt. Um hier aufgenommen zu werden, muss man sich erst einmal gegen die Besten der Besten aus der ganzen Welt durchsetzen.

Mit jedem Tag, mit jeder weiteren Elite-Uni, die wir uns ansahen, hatten mich die Zweifel immer mehr im Griff. So arbeiten Zweifel eben; sie beginnen langsam, nehmen Fahrt auf, und plötzlich sieht man nur noch die Hindernisse, die unmöglich zu überwinden scheinen.

Nach gut zehn Tagen, nach dem Besuch vieler wundervoller Unis, die Julia meiner Meinung nach nicht erreichen konnte, kamen wir zur nächsten Elite-Uni. Und ausgerechnet dort, an der *Brown Universität*, bekam ich meinen heiligen Zorn. Ausgerechnet hier ließ ich all meine Zweifel lautstark heraus – und das kann mitunter sehr intensiv sein.

Ich erinnere mich noch sehr genau. Es war ein sonniger Tag, als Julia sich vor mir aufbaute, den Kopf schüttelte, mich fragend ansah und wartete, bis ich alle meine Zweifel vom Stapel gelassen hatte.

Dann sagte sie in aller Seelenruhe: »Papa, vielleicht solltest du mal deine eigenen Bücher lesen.«

Nun nahmen die Zweifel erst recht zu. Mir war klar, in der Erziehung war so einiges schiefgelaufen. Durch meine Bücher schwebte unsere Tochter in irgendwelchen Wolken, und es war unmöglich, sie jemals wieder von dort herunterzuholen.

Julia jedoch wirkte vollkommen geerdet und fuhr mit der gleichen Ruhe fort. »Und nur nebenbei, falls es dich interessiert, mir gefällt die Uni. Hier werde ich hingehen. Brown ist meine Uni.« Ihr Glaube war ungebrochen. Es wurde ihr festes Ziel.

Michaela war zwischen Julia und mir hin- und hergerissen. Ich muss gestehen, zu dieser Zeit war ich der einzige Realist in dieser Familie. Ich wusste, die große Ernüchterung würde kommen. Und das tat mir schon jetzt weh.

Sechs Monate nachdem alle Bewerbungsschreiben eingeschickt worden waren, kam die große Nacht, in der die Unis zur gleichen Zeit im Internet veröffentlichten, wer aus der ganzen Welt als Student bzw. Studentin angenommen worden war.

Da geschah die erste Überraschung. *North Eastern* in Boston war die erste Uni, die sie haben wollte. Sie boten ihr sogar ein Stipendium an. Kurz darauf kam die Liste von *Tufts*, meine Güte, diese großartige Universität wollte sie ebenfalls haben. Wir waren völlig aus dem Häuschen. Julia hatte also tatsächlich den Sprung nach Amerika geschafft.

Wir machten schon mal eine Flasche Champagner auf.

Doch dann, kurz nach Mitternacht, wurde plötzlich in Julias Zimmer die Musik ausgestellt. Wir hörten den Drucker surren. Michaela und ich sahen uns nur an. Was sollte jetzt noch kommen?

Da kam Julia die Treppe herunter. Sie zitterte und hielt ein ausgedrucktes Blatt Papier in der Hand.
Die *Brown Universität* gratulierte Julia zu ihrer Aufnahme.
Unfassbar. Unbegreiflich. Unerklärbar.
Wünsche realisieren sich. Natürlich hatte Julia intensiv daran gearbeitet, natürlich hatte sie alles getan, was in ihren Händen lag. Und dennoch waren ihre Chancen unglaublich gering.
Aber ist das wirklich so? Waren die Chancen wirklich so äußerst gering?
Julia würde sagen: »Die Chancen sind immer da. Für jeden. Es liegt nur an uns, die Möglichkeiten zu schaffen und sie ins Leben zu rufen.«
O.k., ich habe verstanden. Hier spricht nun ein ehemaliger Realist.
Durch *Brown* habe ich viel gelernt. Wer auf dieser Welt benötigt denn bitteschön Realisten, wenn sie sich in Zweifeln äußern?
Ach, und noch etwas. Julia studiert ... na was wohl? Psychologie und kognitive Wissenschaft. Und nun füttert sie uns beständig mit den neuesten wissenschaftlichen Forschungsergebnissen. Wir sind nicht nur rehabilitiert, wir sind sogar in ihrer Achtung gestiegen. Denn alles was wir geschrieben und gesagt haben, wird durch die Wissenschaft nun bestätigt.
Und nun kann man uns auch wieder vorzeigen. Sogar ihre beste Freundin, eine Mitstudentin aus den USA, hat mein Buch »The DNA Field« (»Das Gesetz der Resonanz«) gelesen, und als Julia mit ihr gemeinsam in Boston war, schlug ihre Freundin vor, doch mal in einem Buchladen zu schauen, ob sie mein Buch dort vorrätig hätten. Julia lachte nur. Dies war doch eher unwahrscheinlich.
Noch am gleichen Tag schickten mir beide ein Foto. Unfassbar, aber wahr: Direkt am Eingang war ein ganzer Stapel von meinem Buch vorzufinden.

Und damit erfüllte sich auch mein Wunsch, der auf der Mind Map stand.

Was möchtest du lieber sein?
Ein Optimist, der sich ab und zu mal täuscht?
Oder ein Pessimist, der immer wieder recht behält?

Seit *Brown* weiß ich tief in mir, es geschieht immer das Beste für uns. Aber nur, wenn wir an das Beste glauben.
Dieses Jahr machte Julia ihren Master an der *Brown* Universität. In Psychologie. Und: Sie weiß jetzt wissenschaftlich, warum *Erfolgreich Wünschen* so hervorragend funktioniert.
Vielleicht haben wir Sehnsüchte, aber glauben, sie würden außerhalb unserer Reichweite liegen. Dann sollten wir an Julia denken. Die Chancen sind da. Für jeden. Auch für dich.

»Wege entstehen dadurch, dass man sie geht.«
Franz Kafka

Verschwiegenheit

Ein weiterer sehr wesentlicher Punkt für den Erfolg beim Wünschen ist, darüber nicht zu reden. Sprich mit niemandem über deinen Wunsch, bis er sich erfüllt hat.
Zum einen verpufft die Energie durch das ständige »Zerreden«. Zum anderen rufen wir ganz schnell Widersacher, Neider und Zweifler auf den Plan und geben ihrem Glauben und ihren Überzeugungen Raum.

Darüber reden schwächt den eigenen Wunsch.

Warum ist das so?
Alle wirklich großen Ideen entstehen in der Verschwiegenheit. Jede Idee ist am Anfang nur ein Impuls, ein Gedanke, der, wenn er nicht aufgefangen wird, wieder verschwindet. Zuerst ist da nur eine vage Vorstellung, die sich langsam immer mehr konkretisiert und schließlich, erst nach einiger Zeit, als klares Produkt oder Objekt vor dem inneren Auge steht. Erst dann, wenn die eigene Vorstellung darüber gefestigt ist, entstehen daraus größere Visionen und konkrete Pläne. Erst wenn das eigene Selbstwertgefühl, die Planung und die eigene Vorstellung genügend gestärkt sind, geht man damit in die Außenwelt, um andere von dem neuen Projekt zu überzeugen, sie zu euphorisieren und einzuschwören.
Würde man dies zu früh tun, wäre man selbst noch gar nicht stabil genug. Bereits ein paar abfällige oder abwertende Worte oder sogar nur Blicke würden genügen und in diesem Stadium wahrscheinlich dazu führen, dass man das Projekt wieder aufgibt.
Sind wir aber mit unserer eigenen Idee gewachsen und fest genug mit den neuen Plänen geworden, dann hat es sich bereits so konkretisiert, dass wir dafür auch wirklich eintreten können. Trotz Gegenwind und Widersachern.
Alle großen Erfinder dieser Welt können diesen Vorgang bestätigen. Geheimhaltung ist also nicht nur wegen der Gefahr des Ideenklaus so wichtig, sondern auch, damit man erst selbstsicher genug wird. Wer möchte sich schon mit Ideen lächerlich machen, die nicht verwirklicht werden? Beim nächsten Mal trauen wir unseren eigenen Ideen noch weniger und irgendwann sind wir von unserer Minderwertigkeit so überzeugt, dass wir überhaupt keine eigenen neuen Ideen oder Konzepte mehr zulassen.

Beim Wünschen kommt noch ein ganz anderer Aspekt hinzu: Wir befürchten, man hält uns für komplett verrückt. Wem kann man auch so etwas »Schräges« erzählen? Wir haben Angst, wir werden plötzlich als Spinner und Esoteriker abgetan und nicht mehr ernst genommen.

Und wer macht sich über uns mit Sicherheit am meisten lustig? Diejenigen, deren Leben noch weniger in Ordnung ist und die daher nicht wollen, dass bei uns alles besser wird. Woran sie nicht glauben, soll gefälligst auch in unserem Leben nicht stattfinden. Besser ist es also zu schweigen.

Wenn wir dann genügend Erfahrung gesammelt haben und so manche Wünsche in Erfüllung gegangen sind, können wir gerne andere davon in Kenntnis setzen. Denn jetzt sind wir gefestigt genug. Wir wissen um die Kraft unserer Gedanken. Für uns gibt es dann keine »Zufälle« mehr. Und unser Beispiel kann den anderen jetzt sogar Mut machen.

Die beste Zeit zum Wünschen

Bis es aber so weit ist, sollten wir unseren Wunsch – sooft es geht – in aller Stille wiederholen. Am besten wir wiederholen die Formulierung abends vor dem Einschlafen und morgens beim Aufwachen. Wenn wir mit dem Wunsch auf den Lippen einschlafen, wird unser Unterbewusstsein diesen Wunsch weitertragen. Vielleicht träumen wir sogar davon und werden beim Aufwachen bemerken, wie wundervoll es sich anfühlt, wenn unser Wunsch bereits in Arbeit ist. Wenn wir nun auch noch morgens eine Minute in stiller Andacht mit unserem Wunsch und der zugehörigen Affirmation verbringen und den Tag auf diese Weise beginnen, wird uns die positive Energie den ganzen Tag über begleiten.

Im Schlaf wachsen

Auch die Schlafforschung hat sich im letzten Jahrzehnt sehr weiterentwickelt, und so konnten viele Wissenschaftler rund um den Globus mittlerweile beweisen, dass das Gedächtnis im Schlaf aufgebaut wird.

Eine Studie der beiden Psychologinnen Ines Wilhelm und Susanne Diekelmann zusammen mit dem Schlafforscher Jan Born an der Universität in Lübeck[4] hat gezeigt, dass das Gelernte im Schlaf in unser Gedächtnis eingelagert wird. Der Schlaf ist also im Wesentlichen auch dafür verantwortlich, dass das Gelernte auch tatsächlich weiterhin im »Gedächtnisarchiv« verfügbar bleibt. Es nützt also gar nichts, die Nacht vor dem Examen durchzumachen, um noch mehr Wissen zu büffeln – man kann sich am nächsten Tag nicht gut daran erinnern.

Bei dieser Studie wurden beiden Gruppen verschiedene Wortpaare gezeigt, wie zum Beispiel Quadrat und Kreis, Flasche und Geist etc. Man sagte ihnen, dass diese Wortpaare am nächsten Tag abgefragt werden würden. Die eine Gruppe der Probanden durfte schlafen – die andere Gruppe nicht.

Als die beiden Gruppen am nächsten Tag abgefragt wurden, wusste die ausgeschlafene Gruppe viel mehr dieser Wortpaare als die Gruppe, welche nicht schlafen durfte. Solche Studien wurden immer wieder auf der ganzen Welt gemacht und sie kamen alle zu dem gleichen Ergebnis:

Unser Erinnerungsvermögen wird durch ausreichend Schlaf gestärkt.

[4] Siehe https://www.dasgehirn.info/handeln/schlaf-traum/lernen-im-schlaf-2075

Das hat damit zu tun, dass unser Gehirn im Schlaf neue Verknüpfungen ausbildet – sogenannte »Dornen«. Diese Dornenfortsätze an den Nervenzellen sind wichtig, um neue neuronale Verbindungen bilden zu können. Die Forscher konnten beobachten, dass sich im Schlaf die gleichen Bereiche im Gehirn regten, die im Wachzustand während des Lernens beansprucht wurden.

Ganz offensichtlich werden im Schlaf die Lerninhalte wiederholt.

Wenn wir nicht ausreichend Schlaf finden, werden nicht so viele Dornenfortsätze gebildet, demzufolge können nicht so viele neuronale Verknüpfungen entstehen. Das erklärt auch, warum Menschen in starken Stressphasen ein schlechteres Gedächtnis haben. Es gibt einfach nicht genügend Zeit, um das Gelernte zu verarbeiten. Wir werden vergesslicher, unkonzentrierter und machen mehr Fehler.

Jetzt kommt ein wichtiges kleines Detail, welches für unsere Wunschüberzeugungen von großer Bedeutung ist: Als die Wissenschaftler dieses Experiment wiederholten, *ohne* den Gruppen zu sagen, dass die Wortpaare am nächsten Tag abgefragt werden würden, schnitten beide Gruppen ungefähr gleich schlecht ab. Was war geschehen? Sie dachten, sie würden das Erlernte nicht mehr brauchen, und so wurde es nicht ins Langzeitgedächtnis übertragen! Das ist die wichtigste Erkenntnis: Wir treffen eine Auswahl!

Nur das, was wir als wichtig erachten, wird ins Langzeitgedächtnis übertragen, und das Unwichtige nicht.

Was bedeutet das für *Erfolgreich Wünschen*?
Wiederhole deinen Wunsch, deine Affirmation, deine Ziele vor dem Schlafengehen mit der Absicht, diese am nächsten Morgen als Erstes wieder aufzugreifen.
Nur so kannst du »dranbleiben« und eine dauerhafte Veränderung herbeiführen.

Schnelle Wunscherfüllung gefällig?

Manchmal werden Wünsche natürlich auch sofort erfüllt. In aller Verschwiegenheit lassen wir uns einfach zur richtigen Zeit zum richtigen Ort führen. So wie es mir passiert ist.

Der Flughafen Amsterdam wird gesperrt

Erfolgreich Wünschen geht in allen Situationen. Und natürlich besonders dann, wenn es gerade nicht so sonderlich gut im Leben läuft. Manchmal vergessen wir dann allerdings erst recht, uns etwas zu wünschen, und versuchen, hektisch zu kämpfen. Aber ebenso schnell können wir uns auch aus dem sinnlosen Treiben wieder befreien.
So erging es mir zum Beispiel am Amsterdamer Flughafen. Der gewaltige Schneeeinbruch war für viele völlig unerwartet gekommen und hatte den gesamten Flughafen lahmgelegt. Während mehrerer Stunden geduldigen Wartens hatte das Schneetreiben so heftig zugenommen, dass der gesamte Flughafen schließlich für die Nacht gesperrt wurde. Die Lage war hoffnungslos. Getränke wurden ausgegeben sowie Decken und Kissen für die Nacht.
Unzählige Menschen waren verärgert, wütend, übermüdet und stritten. Aber ihre negative Einstellung gegenüber dem Unveränderbaren half ihnen nicht, die Nacht angenehmer zu gestalten. Zu Tausenden

standen sie an Ticketschaltern, zu Tausenden versuchten sie, an ihr Gepäck zu kommen, das irgendwo in den Bäuchen der Flugzeuge gelagert war. Keiner wusste wirklich Bescheid und alle irrten hilflos umher.
Mir erging es zunächst ganz ähnlich. Auch ich ließ mich von der Hektik anstecken. Schließlich hatte ich am nächsten Tag wichtige Termine, die ich nun nicht einhalten konnte. Ich begann in meiner dicken Jacke zu schwitzen und verlor mich zusehends in ziellosen Aktionen.
Plötzlich jedoch erinnerte ich mich wieder an *Erfolgreich Wünschen.* Was nicht zu ändern ist, ist nicht zu ändern. »Genieße das Leben jeden Moment, behalte deine gute Laune und bestell dir einfach immer die beste Lösung.« Dies galt doch genauso auch für diese Nacht.
Meine Bestellung war ganz einfach und lautete: »Ich habe für heute Nacht ein wunderschönes und ruhiges Hotelzimmer und erhalte die beste Möglichkeit, zurück nach München zu kommen. Ich bin jetzt offen und bereit für diese Informationen.«
Ich bedankte mich noch für die Erfüllung des Wunsches, schloss damit also den Wunsch ab und war bereit, die Dringlichkeit meiner Situation zu vergessen. Ich wusste, ab jetzt wird sich darum gekümmert, dass alles zu meinem Besten geschieht.
Zunächst setzte ich mich in aller Ruhe hin und beobachtete das ungewöhnliche Treiben. Dass ein Flughafen geschlossen wird, geschieht nicht alle Tage. Es gab also Dinge zu sehen, die ich vorher noch nicht erlebt hatte. Und so nahm ich plötzlich ein wunderbares Schauspiel wahr. Während sich unzählige Menschen um die Tickets für den nächsten Tag stritten, wobei noch gar nicht sicher war, ob am nächsten Tag der Flughafenbetrieb überhaupt wieder aufgenommen werden konnte, saß ich da und trank Kaffee. Ich wusste einfach, dass das Richtige für mich geschehen würde.

Obwohl das Flughafenhotel wegen Überfüllung geschlossen wurde und ebenso die angrenzenden Hotels, wurde ich immer ruhiger. Menschen waren verzweifelt, Kinder weinten, die Lage schien mit jeder Minute, die verstrich, immer hoffnungsloser zu werden. Die Autovermietungen machten dicht, da alle erhältlichen Fahrzeuge ausgegeben worden waren. Der Verstand meldete sich und beschimpfte mich, warum ich mich nicht rechtzeitig um ein Fahrzeug gekümmert hatte, aber das Gefühl war noch immer ruhig. Ein Mietwagen schien also nicht die beste Lösung zu sein.
Ich bekam Hunger, streunte umher, lehnte mit einem Kaffee an einem Tresen und beobachtete die hektischen Menschenmassen. Plötzlich klappte ein Schild um, eine Glasscheibe wurde zur Seite gezogen und eine Frauenstimme fragte mich, wohin ich möchte?
Ich hatte an einem Fahrkartenschalter gelehnt. »Nach München«, antwortete ich verdutzt. »7.03, einmal umsteigen«, sagte die Dame und bevor ich überhaupt etwas erwidern konnte, schob sie mir ein Zugticket herüber. »Sie können morgen früh von hier fahren oder vom Bahnhof Amsterdam Centraal.«
Ohne lange zu überlegen kaufte ich das Ticket, und als ich mich umdrehte, stand hinter mir eine endlos lange Schlange von Menschen. Als ich am geschlossenen Schalter gelehnt hatte, war ich der Einzige, und nun war er übervölkert und die Letzten mussten bestimmt eine Stunde oder länger warten.
Da ich nicht wusste, was ich bis sieben Uhr früh machen sollte, spazierte ich umher und ohne wirkliche Absicht ging ich ins Untergeschoss. Dort stand ein Nahverkehrszug nach Amsterdam Centraal. Ich stieg ein. In der gleichen Sekunde fuhr er ab. Der Schaffner fragte mich, wo ich denn übernachten würde, und empfahl mir ungefragt ein Hotel zehn Minuten vom Bahnhof entfernt in einer kleinen Seitengasse, da alle anderen durch den Schneefall bestimmt ausgebucht seien.

Am Bahnhof standen dreißig bis vierzig Menschen um ein Taxi und beschimpften sich, aus zwei Bahnhofshotels sah ich Reisende, die abgewiesen worden waren, mit schwerem Gepäck und suchendem Blick herauskommen. Ich stapfte seelenruhig den empfohlenen Weg, fand das Hotel und bekam das letzte Zimmer. Das allerletzte an diesem Abend. Ein wunderschönes, großes und ruhiges Zimmer. Ich bestellte mir etwas zum Essen und als krönenden Abschluss auf den gelungenen Abend sogar ein Glas Champagner.
Ohne in langen Warteschlangen mit anderen um einen Platz zu kämpfen, hatte sich mir schnell und problemlos die beste Lösung für die Nacht aufgetan.
Nun war ich gespannt, ob der Zug auch wirklich die richtige und schnellste Möglichkeit sein würde.
Am nächsten Tag, in der Früh, sah ich Reisende in der Hotelhalle schlafen und erfuhr, dass der Flughafen noch immer gesperrt war und wahrscheinlich auch den ganzen Tag nicht öffnen würde. Manche hatten sogar bis zu vier Stunden wartend in ihren Flugzeugen verbracht, bis sie, übermüdet und enttäuscht, wieder aussteigen mussten.
In meinem Zug nach Deutschland saßen Mitreisende, die die ganze Nacht in der überfüllten Bahnhofshalle verbracht hatten, und ich erfuhr von ihnen, dass all diejenigen, die in der Nacht ein Auto ergattert hatten, bereits nach wenigen Kilometern wieder umdrehen mussten, da die Autobahnen ebenfalls gesperrt worden waren.
Der Zug war somit tatsächlich nicht nur die beste, sondern auch die einzige Möglichkeit, an diesem Tag von Amsterdam nach München zu kommen.
Ohne *Erfolgreich Wünschen* hätte ich wohl eine grauenhafte Nacht verbracht und noch lange vergeblich am Flughafen ausgeharrt. So aber saß ich ausgeschlafen, glücklich frühstückend im Speisewagen, während eine weiße Schneelandschaft an mir vorbeizog.

Jeder entscheidet also immer selbst, ob eine Situation tatsächlich furchtbar oder wunderbar ist. Ob sie zum weiteren Niedergang führt oder sich zum Besten entwickelt.
Dinge sind, wie sie sind. Man kann sich in jeder Sekunde entscheiden, ob sie für oder gegen einen arbeiten. Bestimmend ist immer nur die Betrachtungsweise. Meine Betrachtungsweise des Lebens ist, immer nur das Beste zu erwarten. Und dies kann ich am einfachsten mit *Erfolgreich Wünschen.*

Regel 6
Offen sein für »Zufälle«

Die Art und Weise, wie geliefert wird, kann man sich nicht ausdenken. Denn fast immer wird der Wunsch auf eine Weise erfüllt, wie man es nie für möglich gehalten hätte. Also sollte man einfach nur bereit sein, dass der Wunsch erfüllt wird. Wenn man nämlich immer nur in die Richtung schaut, aus der man die Lieferung erwartet, könnte es geschehen, dass man die Abgabe verpasst, weil man darauf lauert, dass die Bestellung ausschließlich auf genau die Weise erfüllt wird, wie sie in unser kleines Vorstellungsvermögen hineinpasst. Das Universum ist aber wesentlich einfallsreicher. Wir sagen dann gerne, es wäre ein Wunder geschehen, weil wir völlig überrascht sind, dass es plötzlich so viele »Zufälle« in unserem Leben gegeben hat, damit sich unser Wunsch erfüllen konnte.

Das Universum liefert auf überraschenden Wegen

In Wahrheit materialisiert sich einfach nur unser Wunsch. Und dies geschieht eben oft auf eine Weise, mit der wir nicht gerechnet haben. Dies sagt aber nur etwas über unsere Vorstellungskraft aus und nicht über die vielen Möglichkeiten, die es gibt, unseren Wunsch realisiert zu bekommen.

Wünschen wir uns also zum Beispiel Geld, sollten wir es vollkommen offenlassen, auf welchem Weg das Geld zu uns findet. Sind wir jedoch davon überzeugt, dass ausgerechnet Tante Erna uns das gewünschte Geld geben wird, behindern wir uns mit unserer festgefahrenen Vorstellung dabei, die wirkliche Lieferung zu erkennen.

Das Universum sucht sich immer den schnellsten und leichtesten Weg aus.

Vielleicht will Tante Erna uns das Geld gar nicht geben. Dann fängt sie auch unsere gedankliche Wunschenergie nicht auf. Sie resoniert einfach nicht damit. Unsere ausgesandte Energie hält sich deswegen mit Tante Erna nicht weiter auf und verbreitet sich ständig weiter, bis sie auf etwas trifft, das die gleiche Schwingung besitzt und antwortet. Unsere Wunschenergie leistet also keine Überzeugungsarbeit, sondern ist nichts anderes als eine kosmische Suchmaschine.

Nachdem wir nun nicht wissen können, was oder wer auf unseren Wunsch anspricht, haben wir natürlich auch keine Ahnung, aus welcher Richtung das Geld nun eintreffen könnte. Da wir aber keine Ahnung haben, ist es ziemlich töricht, sich auf eine bestimmte Richtung festzulegen.

Trotzdem tun wir es. Ich selbst ertappe mich auch immer wieder dabei, dass ich eine ganz klar vorgefertigte Vorstellung habe und deswegen die Erfüllung meiner Wünsche oft gar nicht sofort bemerke.

Wo bleibt meine Bestellung? – Oder: Ich sitze im falschen Zug!

Ich fahre immer öfter mit dem Zug anstatt zu fliegen. Ich finde, man kann die Zeit besser nutzen. Meist sitze ich eine Weile im Speisewagen und sehe mir dann auf meinem Laptop einen Film an. So hatte ich es auch diesmal vor. Morgens, wenn ich das Haus verlasse, formuliere ich rasch meinen Wunsch und sende ihn hinaus. Ich wollte zuerst Kaffee und Kuchen und anschließend einen Film ansehen und

hatte alles Nötige dabei. Meinen Laptop und eine DVD. Im ICE gibt es immer einen Stromanschluss. Aber plötzlich saß ich in einem IC. Dort gab es weder ein Restaurant noch Steckdosen. Darüber hinaus war der Zug völlig überfüllt. Der einzige Platz war an einem Tisch, an dem mir auch noch Menschen gegenübersaßen, die mich freundlich anstarrten. War meine Bestellung diesmal nicht eingetroffen? Wenn der Zug schon so voll ist, wäre es doch gut gewesen, in einer Ecke zu sitzen, aber hier mitten im Großraumwagen?
Ich war jedenfalls mit dem Universum überhaupt nicht zufrieden und schimpfte innerlich vor mich hin. Plötzlich stieß der Mann mir gegenüber mit dem Knie gegen etwas und rieb sich die schmerzende Stelle. »Eine Steckdose«, murrte er missmutig zu seiner Frau. »Wer braucht denn so was?«
»Ich!«, schrie ich innerlich auf und blickte erstaunt unter den Tisch. Tatsächlich, da gab es eine Steckdose. Ich hatte Strom für meinen kleinen Kinofilm. Und genau dieses schwäbische Ehepaar packte auch noch einen Korb mit Proviant aus. Kaum zu glauben, sie deckten den Tisch für sich und stellten eine Tasse Kaffee für mich auf. Und Kuchen. »Denn Kaffee ohne Kuchen ist doch nur die halbe Miete«, sagte der Mann schmunzelnd und wünschte mir viel Spaß bei meinem Film.
Die Bestellung war raus und das Universum hat geliefert. Meine Vorstellung war vielleicht etwas anders gewesen, aber die Lieferung war prompt erfolgt. Und genau das ist das Amüsante am *Erfolgreich Wünschen.* Die Wünsche werden immer erfüllt, man muss nur vertrauen und wachsam sein. Denn die Art, wie geliefert wird, ist eben meist überraschend.
Hier kommen zwei Dinge ins Spiel: Die Intuition und der sogenannte Zufall. Betrachten wir zunächst mal den sogenannten Zufall.

Zur richtigen Zeit am richtigen Ort

Ist es dir auch schon einmal passiert, dass du an einen guten Freund gedacht hast, von dem du schon jahrelang nichts mehr gehört hast, und plötzlich läutet das Telefon und dieser Freund ruft dich gerade an?

Oder du hast den Impuls, einmal eine andere Straße entlang zu gehen als sonst? Und genau an dieser Ecke kommt dir dann die Person entgegen, die dir für dein neues Projekt behilflich sein kann?

Oder du suchst einen Job, und auf dem leeren Sitzplatz neben dir im Bus liegt eine Zeitung offen da, eine Stellenanzeige fällt dir besonders ins Auge, du rufst dort an und bekommst den Job?

Zufall? Oder ein Zeichen nur für dich bestimmt?

Natürlich beschäftigt sich die Psychologie schon seit Langem mit diesen Phänomenen. Man nennt dieses Zusammentreffen von bestimmten Vorgängen Synchronizität.[5]

Den Begriff Synchronizität hat C. G. Jung geprägt. C. G. Jung beschäftigte sich sehr intensiv mit den sogenannten Zufällen – damals nannte man das »Koinzidenzen«.

Jung beschrieb es so: »Die Gleichzeitigkeit eines gewissen psychischen Zustandes mit einem oder mehreren äußeren Ereignissen, welche als sinngemäße Parallelen zu dem momentanen subjektiven Zustand erscheinen.«[6]

Heute weiß man, dass es einen Grund gibt, warum die äußeren Ereignisse – die sogenannten Zufälle – auftreten. Und dieser Grund liegt in uns. Wir beeinflussen mit unseren Gedanken solche Vorfälle und Begebenheiten und lassen sie sogar manchmal erst entstehen. Und genau dort, in diesen Begebenheiten, bieten sich oftmals die Lösungen unserer anstehenden Themen an.

[5] Synchronizität: https://de.wikipedia.org/wiki/Synchronizität
[6] Siehe Kopp, Aloisia: Warum wir an das Schicksal glauben

Auch die Quantenphysik hat sich ausgiebig damit beschäftigt. Sie fand heraus, dass alles mit allem verbunden ist und dass die Trennung, wie wir sie *erfahren* und die wir für die Wahrheit halten, eine Illusion ist.
Alles beeinflusst sich gegenseitig. Ob wir es wahrnehmen oder nicht. Die Wahrheit ist sogar: Das meiste, was um uns herum geschieht, nehmen wir nicht wahr. Wir erkennen weder, warum es geschieht, noch verstehen wir, warum es gerade uns passiert.
Und dennoch:

**Da alles sich gegenseitig beeinflusst,
sind wir immer auch Verursacher.
Wir erschaffen unsere Umwelt durch unsere Erwartungen.
Und zwar in jedem Augenblick.**

Im Kapitel »Ein bisschen Physik« haben wir ja bereits ausführlicher darüber gesprochen. Vielleicht erinnerst du dich auch an die Beispiele aus dem Kapitel »So tun als ob«. Auch dort ging es um unsere Erwartungen, die einen großen und direkten Einfluss auf andere Menschen haben, obwohl wir sie ihnen gar nicht mitteilen.
Durch unsere unbewussten Gedanken, Gefühle und Handlungen senden wir elektromagnetische Wellen in die Welt. Diese Wellen sind wie die Schallwellen oder wie die Wasserwellen, die von einem Steinchen verursacht werden, wenn es ins Wasser geschmissen wird. Und diese »Wellen« werden von anderen aufgefangen und bewirken etwas.

**Das, was uns im Außen als Zufall entgegenkommt,
ist bereits der Ausdruck unserer inneren Befindlichkeit.**

Die heutige Wissenschaft geht sogar noch einen Schritt weiter. Sie sagt, wir können alles auf diese Weise beeinflussen.
Alles? Wirklich alles?

Aber wie ist das mit fester Materie?

Wie soll man denn nur mit seinen Gedanken Materie beeinflussen können? Schließlich ist doch alles »fest und solide«.
Aber wenn man die *Wirklichkeit* in ihre kleinsten Bestandteile zerlegt, dann ist alles nur »Welle oder/und Teilchen«. Das, was wir anfassen können, sind in Wahrheit nur freischwebende Teilchen, welche sich formieren – oder auch nicht.

Unvorstellbar, aber wahr. Und weil wir es uns nicht vorstellen können, sagen wir gerne, es wäre ein Zufall. Dabei sollten wir aber wissen, dass wir jeden sogenannten Zufall selber hervorgerufen haben.

Die Außenwelt ist der Spiegel unserer Innenwelt.

Alles in unserer Welt ist miteinander verbunden. Ganz egal, ob es ein kleiner *Zufall* ist, über den wir lächeln können, oder ein großer *Zufall,* der uns eine Gänsehaut beschert.
Geschehen also seltsame Dinge um dich herum, die du als wundervollen Zufall betrachten möchtest, überlege, wann – und wie – du zuvor an so ein Ereignis gedacht hast. Wir haben mehr Einfluss auf die Dinge, die um uns herum geschehen, als wir ahnen.
Keine Begegnung mit einem Menschen ist reiner Zufall. Jede Begegnung, jedes Gespräch, sei es nur kurz oder lang, birgt eine Botschaft in sich.

Wir brauchen nur offen zu sein,
um diese Botschaft auch zu erkennen.

Ob wir nun an eine höhere Führung glauben oder nicht, Tatsache ist: Wollen wir unsere Ziele schnell und effektiv erreichen, brauchen wir nur ein bisschen genauer auf all die *zufälligen* Dinge zu achten, die uns so täglich entgegentreten.

Übung: Ich bin offen für Zufälle

- Setze dich ganz entspannt hin. Lege deine Hand auf den Unterbauch. Atme ein paarmal tief ein und aus. Wichtig ist, dass die Atmung so langsam wie möglich fließen kann. Am besten ist es, zu Beginn die Atmung einzuzählen, zum Beispiel auf 1-2-3-4-5 ein- und auf 1-2-3-4-5 auszuatmen. Wiederhole das ein paarmal.
- Jetzt stelle dir selbst mental eine Frage, deren Beantwortung du einfach »dem Zufall« überlässt. Zum Beispiel: »Ich bitte darum zu erfahren, was mein nächster Schritt ist.«
- Mit dieser Frage gehst du jetzt einfach die nächsten Tage ganz bewusst durch deine Umwelt. Du kannst auch innerlich sagen: »Ich bitte um ein klares Zeichen, was mein nächster Schritt sein soll.«
- Wichtig ist, dass du deinen Wahrnehmungsfilter öffnest und auch tatsächlich daran glaubst, dass die Antwort »da draußen« auf dich wartet.
- Die Art und Weise, wie deine Antwort eintrifft, kann sehr vielfältig und ungewöhnlich sein.

Das klassische Zeichen ist für die meisten Menschen das Buch, das plötzlich aus dem Regal fällt, oder eine Karte, die sie ziehen, oder ein Gespräch, das sie mitbekommen.
Du kannst dich auch fragen: Was ist die Aufgabe für dieses Jahr? Und dann wird die Antwort vielleicht in einem Kinofilm gesagt, oder eine Freundin erzählt dir von einer bestimmten Sache und du bekommst plötzlich eine Gänsehaut und spürst ganz deutlich: Ja, das ist es!
Geh einfach die nächste Zeit mit wachen Augen und Ohren durch deine Welt und schreibe dir alles auf, was dir in Bezug auf deine Frage auffällt.
Die eigene Wahrnehmung für die vielfältigen Möglichkeiten, die das Leben uns bietet, zu öffnen, ist essenziell wichtig für die Erfüllung unserer Wünsche! Denn wie sollen wir die Erfüllung unserer Wünsche erkennen, wenn wir gar nicht offen sind dafür? Oder die Zeichen, die in die richtige Richtung weisen, nicht lesen können?
Oft machen wir den Fehler, die Erfüllung unserer Wünsche »genau so und nicht anders« haben zu wollen.
Dabei sollten wir das *Wie*, also auf welche Weise die Wünsche in Erfüllung gehen, getrost dem *Feld des globalen Bewusstseins* überlassen. Denn oft ist die Erfüllung schöner, größer, wundervoller und spannender, als wir ahnen können. Und: Es dient immer unserem Besten!
Um nun alle diese Zufälle zu erkennen, haben wir einen mächtigen Verbündeten: unsere Intuition.

Intuition

Wie werden unsere Wünsche erfüllt? Mit Sicherheit also anders, als wir erwarten. Es ist eben leider nicht immer so, dass wir uns etwas wünschen und schon fliegt es uns von oben auf den Tisch. Da alles

eine Frage von Energie ist, werden wir manchmal auch »nur« sehr sanft geführt. Und zwar dorthin, wo das Gewünschte zu finden ist. Doch wie werden wir geführt?
Wie wir eben gehört haben, kann das manchmal ein Gespräch sein, das man seltsamerweise aufschnappt und das eine wichtige Information für einen enthält. Es kann auch ein Gedanke sein, dem man nachgeht. Oder man möchte plötzlich einen anderen Weg gehen als gewöhnlich und trifft genau dort »zufällig« einen alten Bekannten, der einem rein »zufällig« von jemandem erzählt, den man kennenlernen sollte. Und »seltsamerweise« hat diese Person genau das, was man sich wünscht. Eine Wohnung, das Handwerkszeug für die verstopfte Leitung oder sie kennt jemanden, der das Computerproblem lösen kann. Oder jemand stößt sich das Knie und weist einen auf den versteckten Stromanschluss hin.
Energien lenken, führen, leiten. Man muss nur noch offen dafür sein. Hat man einen Wunsch ausgesandt, gilt es einfach nur, hellhörig und wach zu bleiben. Dann wird man alle nötigen Informationen bekommen.
Am sichersten geht das über die Intuition. Intuition, was ist das?

Intuition ist das Zulassen von sich selbst.

Wenn man Kontakt zu seiner Intuition bekommen möchte, braucht man nichts anderes zu tun als dem nachzugehen, was sich gut anfühlt. Ganz egal wie merkwürdig, peinlich oder lächerlich es uns im ersten Moment erscheint. Intuition ist nichts anderes als spontanes Handeln. Wenn einem etwas einfällt, was man tun möchte, dann tut man es. Man sucht nicht nach Gründen dafür oder dagegen. Man wägt nicht ab. Man folgt dem Impuls.
Intuition ist das Gegenteil von Verstand. Wir können also nicht darüber nachdenken. Intuition ist keine logische Folge von intensivem

Nachdenken. Intuition geht über das Gefühl, über Empfindungen. Will man auf die Stimme der Intuition hören, muss man sich nur treiben lassen. Ohne sich auf ein Ziel zu fixieren. Wenn man also nicht hinterfragt und nicht bewertet, wenn man auf die stillen, leisen Gedanken achtet und ihnen einfach nachgeht, wenn man im Augenblick verweilt, nicht in der Vergangenheit verharrt oder auf die Zukunft schielt, wird man in Kontakt mit seiner Intuition kommen.

Die Wirkungsweise der Intuition entfaltet sich nur in der Gegenwart.

Mithilfe der Intuition wird das Handeln spontan und das Vertrauen zur eigenen Wahrnehmung wächst. Anstatt den Herausforderungen des Alltags selbst begegnen zu müssen, lassen wir uns zur gewünschten Lösung treiben. Eigentlich ist es nichts anderes, als die feinstoffliche Energie, die wir ausgesandt haben, wieder aufzufangen. Zu uns zurückkehrend führt sie uns nun da hin, wo wir das Gewünschte erhalten. Es ist, schlicht gesagt, unser Unterbewusstsein, welches uns führt.

Natürlich ist man anfangs noch unsicher. Wie bei allem braucht man etwas Übung und Erfahrung. Doch selbst wenn es zu Beginn noch schwer zu erkennen ist, wie sich die Intuition anfühlt, so bildet sich bereits nach nur kurzer Zeit des Einlassens ein gutes Gespür für den starken Verbündeten an unserer Seite heraus. Schon bald wird man zu einer geschlossenen Einheit. Man ist nicht mehr alleine. Nie wieder. Es gibt in uns eine höhere Instanz, die uns zur gewünschten Antwort leitet und führt.

Keine Sorge, *Erfolgreich Wünschen* funktioniert. Auch ohne Intuition. Aber mit ihr geht es wesentlich schneller. Unsere Intuition ist einfach so etwas wie unsere Postanschrift, an die nun die Informationen gesandt werden, wo wir das Gewünschte abholen können.

Ich habe aber auch oft ganz bewusst gegen meine Intuition gehandelt, die Lieferung kam trotzdem. Nur manchmal eben mit Verspätung. Hier zwei kleine Beispiele, wie konkret und direkt die Intuition arbeitet.

Expresslieferungen

Wenn ich etwas besonders schnell geliefert haben möchte, bestelle ich über Fragen. »Wo finde ich das Gewünschte?« oder »Wie komme ich am schnellsten an ...?« Also beauftrage ich die ausgesandte Energie ganz bewusst, sich bei meiner Intuition zu melden.
Und dann entspanne ich mich und höre auf die leisesten Zeichen. Manchmal ist die Antwort ein Satz, den ein Nachbar im Lokal sagt, oder die Schlagzeile einer Zeitung oder der Liedtext eines Songs im Radio.

Vor vielen Jahren, als ich mit meiner Intuition noch nicht so vertraut war, hatte ich noch etwas Schwierigkeiten, die Zeichen zu erkennen. Oft wusste ich auch nicht, ob ich mir da nicht etwas einredete oder meinen Verstand ganz bewusst in eine Richtung drängte.
Ich erinnere mich noch sehr gut an die Zeit, in der ich mich trotz meines beruflichen Erfolges immer einsamer und leerer fühlte. Damals war mein tiefer Wunsch, einfach nur zu verstehen, was der Sinn meines Lebens sein sollte.
Ich weiß noch, wie ich in dem Café in Schwabing saß und mehrmals laut vor mich hindachte: »Was soll eigentlich der ganze Mist? Wo liegt der Sinn in diesem Tun?« Ich war richtig sauer. »Ich bin bereit für Antworten, aber sie sollten schleunigst kommen.«
Da entdeckte ich auf meinem Tisch eine alte zerknüllte Rechnung, der ich aber keine weitere Bedeutung beimaß. Als ich gezahlt hatte

und das Café verließ, lief mir der Kellner nach und sagte, ich hätte etwas liegen lassen. Es war die zerknüllte Rechnung. Sie war von einem Buchladen in der Nähe. Aber noch immer interessierte ich mich nicht wirklich dafür (wie gesagt, ich war noch nicht erfahren im Erkennen der Zeichen).

Kurz darauf hielt mich ein Passant an und fragte mich nach einer Straße, die ich aber selber nicht kannte. Keine zwei Schritte später erinnerte ich mich, das war die Straße von dem Buchladen auf der Rechnung. Nun (endlich) neugierig geworden, ging ich dort vorbei. Ein merkwürdiger Laden. Mit Klangschalen im Schaufenster und beim Eintreten dampften einem kleine Rauchschwaden von Räucherstäbchen entgegen. Es war einer der ersten esoterischen Buchläden in München. Ich wusste bis dahin gar nicht, dass es so etwas gab. Später sollte es mein Stammbuchladen werden.

Unsicher ging ich an den Buchregalen entlang. Dort standen Autoren, von denen ich zuvor noch nie gehört hatte. Ich hatte keine Ahnung, welches Buch ich kaufen sollte, noch wusste ich, warum ich überhaupt in diesem Laden war. Da drehte sich eine Frau mit kurz geschorenen Haaren in fast lächerlich bunten Baumwollhosen um und sagte zu mir: »Das Buch müssen Sie lesen, das ist toll.« Mit einem wissenden Lächeln deutete sie auf ein Buch im Regal.

Mehr aus Höflichkeit denn aus Interesse habe ich es wirklich gekauft. Dieses Buch hat mein Leben umgekrempelt. Es war »Das Handbuch zum höheren Bewusstsein« von Ken Keyes. Es hatte alle Antworten auf meine Fragen. Durch dieses Buch verstand ich plötzlich den Sinn meines Tuns.

Aber war das wirklich so etwas wie *Erfolgreich Wünschen* gewesen und hatte mich an diesem Nachmittag eine höhere Ordnung zu diesem Buch geführt? Wir wissen ja, wie der Verstand arbeitet. Er zweifelt und behauptet unaufhörlich, dass alles nur eine Aneinanderreihung von Zufällen gewesen sei.

Kurz darauf wollte ich es also erneut wissen. Ich war auf der Suche nach einem weiteren Buch, das mindestens ebenso intensiv auf mein Leben einwirken sollte. Diesmal war ich wesentlich direkter und kühner mit der Formulierung meines Wunsches. Ich wollte das Buch noch am gleichen Tag in meinen Händen halten, und ich erwartete, dass man mir den Titel mitteilte.

Diesmal wollte ich es dem Schicksal außerdem nicht so leichtmachen. Ich wollte nicht aus dem Haus gehen. Ich verspürte auch gar nicht den Drang loszustiefeln.

Eine Stunde später rief mich meine Agentin an. Sie wollte wissen, ob ich endlich das Drehbuch für den neuen »Tatort« gelesen hätte. Natürlich nicht, ich hatte es ja noch überhaupt nicht erhalten. Sie war entsetzt. Ich hätte das Drehbuch schon längst lesen müssen. Das wäre die Rolle meines Lebens. Ich solle mich sofort auf den Weg machen und es bei ihr abholen.

Auf dem Nachhauseweg fiel mir plötzlich wieder mein Wunsch ein. In der ganzen Hektik hatte ich ihn vollkommen vergessen. Aber so wie es aussah, hatte das Universum mich ebenfalls vergessen. Wo war denn nun mein Buch?

An diesem Nachmittag ging ich noch auf der Leopoldstraße spazieren. Natürlich war ich wach und aufmerksam: Vielleicht sagt mir ja wieder jemand Bescheid. Oder ich schnappe einen Satz auf, der den Titel des Buches beinhaltet.

Doch nichts dergleichen geschah. Ich setzte mich auf eine Bank und las mein Drehbuch. Da sah ich einen kleinen Jungen. Er stand weinend vor einem Laden und brachte die Tür nicht auf. Ich half ihm. Es war ein Buchladen, nein, kein esoterischer, aber keine drei Schritte neben der Kasse traf mich ein kleiner Schock. Dort starrte mich ein Buch an und es hieß »Drehbuch zur Meisterschaft im Leben«. Ein Buch, das mich über ein ganzes Jahr begleiten sollte. Es war, als hätte Ron Smothermon dieses Buch ausschließlich für mich geschrieben.

Hatte meine Agentin nicht gesagt, ich solle das *Drehbuch* lesen, es wäre die Rolle meines *Lebens*!

Geliefert wird immer. Wenn wir nicht hellhörig genug sind, wird uns das »Paket« so lange nachgetragen, bis wir nicht mehr ausweichen können. Wollen wir aber die Lieferung so schnell wie möglich erhalten, gilt es aufmerksam zu sein.

Auch bei unserer Intuition ist es so, dass wir ein bisschen Übung benötigen. Denn viele von uns haben die Intuition vielleicht bereits viele lange Jahre brachliegen lassen, so dass sie diese wundervolle Stimme gar nicht mehr hören können.

Keine Sorge. Die Intuition ist immer da. Sie ist tief in unserem Inneren. Wir können sie nur nicht wahrnehmen, weil alle anderen Stimmen zu kräftig geworden sind. Sorgen und Zweifel sind meist laut und lärmend.

**Die Intuition ist fein und ruhig.
Sie fühlt sich gut an.**

Die Intuition bringt neue Ideen, überraschende Impulse, erfrischende Gedanken, Gelassenheit, Weitblick und Urvertrauen.

Es wäre also ganz gut, die Intuition wieder ein bisschen zu wecken.

Als Michaela für unsere DVD »Das Gesetz der Resonanz« einen der Wissenschaftler fragte: »Wie kommen wir nun in Resonanz mit allem?«, sagte dieser: »Ganz einfach, durch Entspannung. Nur wenn wir vollkommen gelöst und entspannt sind, kann das Resonanzfeld wirken.«

Die Intuition entfaltet sich in der Entspannung.

Sind wir angespannt, nervös, wütend, ungeduldig, schließen wir die Intuition aus.

Wenn wir grübeln, uns sorgen, ängstlich sind oder Dinge mit dem Verstand zu lösen versuchen, schließen wir die Tür zu unserer Intuition.
Die Intuition lässt sich verstandesmäßig nicht erfassen. Sie entsteht aus einem Gefühl.
Die Intuition ist ruhig, weise, angenehm. Sie fühlt sich richtig an.

Wenn wir loslassen und uns der inneren Führung übergeben, sind wir im Fluss der inneren Kraft.

Das Bild eines Flusses passt ziemlich gut. Folgen wir der Intuition, ist es so, als würden wir in einem Floß sitzen und uns treiben lassen. Wir lenken nicht, wir beschleunigen nicht, wir greifen nicht ein. Wir achten nur auf die Richtung, wohin der Fluss uns führt, und betrachten all die neuen Dinge, die sich uns auf diesem Weg zeigen. Wir beobachten nur. Dafür aber ganz bewusst.

Unsere Intuition können wir sehr gut schulen. Hierfür gibt es zwei hervorragende Übungen.

Intuitionsübung 1

- Überlege dir einfach, wann du früher einmal auf deine Intuition gehört und gefühlsmäßig etwas unternommen hast, das dir anschließend unerwarteten Erfolg gebracht hat.
- Es muss nichts Großes sein. Das kann das Entdecken eines neuen Geschäftes gewesen sein, in dem du genau das gefunden hast, was du schon lange gesucht hattest. Das kann eine Party gewesen sein, auf die du eigentlich verstandesmäßig nie gegangen wärst und auf der du jemand

kennengelernt hast, der wichtig in deinem Leben wurde. Das kann ein Buch sein, das du intuitiv gekauft hast, und obwohl du so etwas normalerweise nie lesen würdest, hat dieses Buch dir eine neue Erkenntnis gebracht. Vielleicht bist du einen anderen Weg gefahren, durch einen Park gegangen, hast ein neues Stadtviertel besucht – weil du dich hast treiben lassen – und hast dort neue Entdeckungen gemacht, die du ansonsten mithilfe der alten verstandesmäßigen Routine nie gemacht hättest.
- Notiere dir alles, was dir einfällt. Mach dir eine kleine Liste.
- Es kann sein, dass dir spontan nicht sehr viele Dinge aus der Vergangenheit ins Bewusstsein kommen. Lass dir Zeit. Wir haben uns vielleicht noch nie auf diese Suche gemacht. Lass deine Liste einfach offen liegen. Du wirst sehen, in den nächsten Tagen werden dir ganz spontan ein paar Erlebnisse einfallen. Und weißt du, wer dafür verantwortlich ist, dass sie dir einfallen? Genau. Deine innere Führung meldet sich. Wir können auch sagen: deine Intuition.
- Lies dir deine Liste immer und immer wieder durch. Auf diese Weise trainieren wir unseren Verstand darauf, dass es durchaus sinnvoll ist, auf unsere Intuition zu hören.

Die zweite perfekte Möglichkeit, die Intuition zu schulen, ist folgende Übung:

Intuitionsübung 2

- Wenn du ein bisschen Zeit hast, dann setze dich doch mal völlig entspannt irgendwo unterwegs hin. Das kann eine Parkbank sein, ein Café, eine Bibliothek oder ein Geschäft.

Mach dich gedanklich vollkommen leer. Entspanne. Atme mehrmals tief durch und achte auf deinen Atem.

- Und dann beobachte einfach nur. Was geschieht um dich herum? Bewerte nicht. Betrachte nur.
- Und nun lass dich einfach mal treiben. Habe kein Ziel. Du bist im Fluss des Lebens. Das Leben leitet dich. Es spielt keine Rolle, was du als Nächstes tun wirst. Es ist alles gleichwertig. Achte nur auf dein Gefühl. Wohin du auch gehst, es gibt keine bestimmte Richtung. Betrachte einfach nur, was du auf dem Weg alles wahrnimmst. Wem begegnest du? Was für neue Informationen gibt es für dich?
- Mach diese Übung anfangs eine Stunde lang und weite sie dann aus. Sie kann auch gerne einen ganzen Tag dauern.
- Du wirst sehen, das wird vielleicht der aufregendste Tag deines Lebens!

Je öfter du dies machst, desto rascher wirst du Kontakt mit deiner Intuition bekommen. Sie wird dein ständiger Begleiter werden.
Wenn du ein bisschen damit vertraut bist, kannst du deine Intuition auch dafür einsetzen, ganz bestimmte Antworten auf deine Fragen zu finden.
Ich mache es ständig so und bin stets prima damit gefahren. Du wirst sehen, das Leben wird leichter.

- Mache diese beiden Übungen regelmäßig.
- Wenn du dich gestresst fühlst, komme erst zur Ruhe, bevor du deine Intuition trainierst.
- Lass dir Zeit. Forciere nichts.
- Die Intuition ist im Hier und Jetzt. Sei wachsam in der Gegenwart.
- Bewerte nichts von dem, was du siehst oder erlebst.

- Alles ist ein Ergebnis deiner Gedanken.
- Betrachte die Welt, in der du dich bewegst, und du kennst deine innersten Überzeugungen.

»Alles, was zählt, ist die Intuition.
Der intuitive Geist ist ein Geschenk
und der rationale Geist ein treuer Diener.
Wir haben eine Gesellschaft erschaffen, die den Diener ehrt
und das Geschenk vergessen hat.«

Albert Einstein

Regel 7

Die wahren, großen Wünsche herausfinden

Wünsche sind so vielfältig wie die Persönlichkeit des Einzelnen.
Der eine möchte gerne tanzen lernen und hatte nie die Zeit dazu oder zwei linke Füße, der andere sucht wahre Freunde, weil er immer stärker den Mangel in seinem Leben empfindet, und ein dritter sehnt sich nach dem idealen Partner.
Dabei ist kein Wunsch größer oder kleiner, wichtiger oder verwerflicher als ein anderer. Es ist auch egal, ob die Wünsche vernünftig, also für den Verstand logisch erscheinen. Jeder Wunsch zeigt uns einfach nur den Mangel, den wir in gewissen Bereichen unseres Lebens spüren.
Dass wir unsere Wünsche erfüllt bekommen, wissen wir inzwischen. Die wesentliche Frage ist, ob durch die Erfüllung unseres Wunsches auch unser Mangel beseitigt wäre. Oder würde er sich sehr schnell an anderer Stelle wieder bemerkbar machen? Die eigentliche Frage ist also: Worauf will uns dieser Mangel in unserem Leben aufmerksam machen?
Was wir uns wünschen, ist schlichtweg Veränderung. Etwas gefällt uns nicht in unserem Leben und wir wissen nicht, wie wir es auf »normalem« Wege ändern können. Meist wissen wir aber auch nicht, wie es wirklich sein wird, sobald sich der Wunsch erfüllt hat. Wird unser Leben dadurch wirklich besser?

Welche Wünsche passen zu mir?

Das ist die wesentliche Frage. Es hat wohl keinen Sinn, sich etwas zu wünschen, was überhaupt nicht dem eigenen Naturell entspricht. Trotzdem tun es die meisten von uns. Oft wünschen wir uns nur etwas, weil andere es sich wünschen oder es bereits besitzen. Oft hecheln wir einem Ideal hinterher, das überhaupt nicht das unsere ist.

Aber nur, weil andere etwas »toll« finden, muss es noch lange nicht für uns richtig sein. Und was machen wir, wenn das Ersehnte eintrifft? Wenn sich also Wünsche realisieren, die überhaupt nicht zu uns passen?

Bevor wir uns etwas wünschen, sollten wir uns wirklich klar darüber sein, was wir tatsächlich für unser Leben benötigen. Fühlen wir uns dann wirklich besser, angenommener, liebenswerter oder glücklicher? Das Eintreffen von so manchem Wunsch kann uns nämlich auch gehörig unter Druck setzen. Der Traumjob kann uns vielleicht völlig überfordern, der Kinderwunsch viel zu früh in Erfüllung gehen oder der ersehnte Wohnungswechsel uns Freunde verlieren lassen.

**Wünsche, die in Erfüllung gehen,
verändern uns immer.**

Aber sind wir auch wirklich für die Veränderungen und Konsequenzen bereit? Unsere wundervolle, heiß ersehnte Liebesaffäre bringt uns vielleicht auch in Kontakt mit unserer Angst, nicht zu genügen oder das lang Ersehnte wieder zu verlieren. Vielleicht trauen wir uns das große Auto gar nicht zu fahren und bekommen wegen seiner beeindruckenden Größe nie einen Parkplatz. Oder wir kommen mit dem gewünschten Ruhm und der damit verbundenen Aufmerksamkeit nicht klar.

Wünsche, die in Erfüllung gehen, bringen uns nicht immer auch wirkliches Glück. Bevor wir uns an die großen Wünsche heranwagen, sollten wir daher wissen, was wir von unserem Wunsch wirklich erwarten.
Jeder erfolgreiche Wunsch verändert auch unsere Lebensumstände. Deswegen sollten wir genau prüfen, ob wir zu dieser Veränderung auch wirklich bereit sind. Vielleicht geht unsere Sehnsucht in eine bestimmte Richtung, aber wir sind überhaupt noch nicht fähig, die neue Rolle auch wirklich auszufüllen.

Der Wunsch nach Geld

Viel Geld zu bekommen bedeutet vielleicht, die gewohnte Umgebung aufzugeben, weil man sich nun ein Haus leisten kann. Vielleicht verliert man auch die Arbeit, weil sie einfach nicht mehr nötig ist und man keinen tieferen Sinn mehr darin sieht. Man kann zwar nun den ganzen Tag tun und lassen, was man will, aber hat man dazu auch wirklich Lust? Vielleicht vermisst man seine alte Wohnung, seine Nachbarn, seine Kollegen.
Gegen den Wunsch, viel Geld zu bekommen ist nichts einzuwenden, man sollte sich einfach nur im Klaren darüber sein, dass jeder Wunsch auch Konsequenzen hat. Vielleicht ist es daher wesentlich wichtiger, sich Gedanken über die Lebensbedingungen zu machen, die man gerne erschaffen möchte. Denn viel Geld alleine ist noch kein Garant dafür, glücklich zu sein. Viele Lottomillionäre waren bereits nach wenigen Jahren wieder bettelarm und unglücklicher als jemals zuvor.
Michaela und ich haben daher einen kleinen Handel mit dem Universum abgeschlossen.

Unser Deal mit dem Universum

Nachdem wir innerhalb eines Jahres zwei Autos gewonnen hatten, waren wir von unserem *Erfolgreich Wünschen* zutiefst beeindruckt. Aber warum immer Einzelbestellungen aufgeben? Geht das nicht als Dauerabonnement?

Michaela und ich wünschten uns jedenfalls gleich anschließend, dass immer genug Geld in unserem Leben sein sollte. Geld sollte einfach da sein. Es soll einfach genug da sein und uns doch noch genügend »Luft nach oben« lassen, damit wir auch weiterhin genügend Freude und Motivation für unsere Arbeit empfinden würden. Jedenfalls sollte es immer so reichlich in unserem Leben sein, dass wir das verwirklichen könnten, was unserer Sehnsucht entspricht. Es war wie ein »Deal«: Wir machen das, was offensichtlich vom Fluss der Zeit gewünscht wird, und das Universum sorgt künftig dafür, dass regelmäßig Geld hereinkommt.

**Besitz soll uns dienen
und nicht wir dem Besitz.**

Seit diesem Tag gab es bei uns nie wieder die Frage nach Geld. Geld kommt einfach in unser Leben. Manchmal auf völlig unerwartete Weise.

Wenn man mit dem Wünschen beginnt, wird einem nämlich Folgendes schnell klar: Reich wird man nicht dadurch, dass man viel arbeitet. Reich wird man dadurch, dass man es visualisiert und in sein Leben einlädt. Nur wenn man davon überzeugt ist, dass es einem auch zusteht und man Geld auch willkommen heißt, ist man wirklich offen und bereit für die gewünschte Lieferung.

Aber Geld ist eben nur eine Seite von Wohlstand. Wirklicher Reichtum beinhaltet wesentlich mehr. Um wirklich glücklich zu sein, sollten wir beim Wünschen daher auch an folgende Aspekte denken:

- Gesundheit
- eine wundervolle Partnerschaft
- einen erfüllenden Beruf
- wahre Freunde
- genügend Zeit für sich und andere
- inneren Frieden und Gelassenheit

Diese Liste ließe sich beliebig erweitern. Wichtig ist nur zu wissen, dass wahrer Reichtum mehr beinhaltet als Geld. Doch Geld, der »schnöde Mammon«, ist eine durchaus wünschenswerte Zutat für mehr Freude und innere Freiheit im Leben.

Die erwünschte Partnerschaft

Das ist wohl der größte Wunsch von uns Menschen: jemanden zu finden, der mit uns durch dick und dünn geht, der uns versteht, bei dem wir uns geliebt und angenommen fühlen. Der Wunsch nach dem Partner ist wohl der, der den tief greifendsten Einfluss auf unser Leben hat. Gerade beim Partnerwunsch ist es also wichtig, dass wir uns fragen: »Was will ich wirklich?«, das heißt, welche Eigenschaften soll dieser Mensch haben. In Abänderung des bekannten Spruches »Drum prüfe, wer sich ewig bindet …« könnten wir sagen:

Drum prüfe, was du wirklich wünschst,
denn es wird in Erfüllung gehen.

Mindestens genauso wichtig ist es allerdings, nach der eigenen Motivation zu fragen: »Warum will ich einen Partner, was brauche ich wirklich?« Meistens ist es so, dass das, was ich im Außen zu erhalten wünsche, in Wahrheit in meinem Inneren fehlt.

Lautet mein Wunsch zum Beispiel: »Ich will jemanden, der mich bedingungslos liebt«, so heißt das in Wahrheit: »Ich werde nicht geliebt. Ich bin nicht liebenswert. Ich liebe mich selbst nicht.« Viele suchen also nur deshalb nach einem Partner, der sie bedingungslos liebt, weil sie sich selbst nicht lieben.
Die eigentliche Ausgangsbasis für den Wunsch müsste jedoch lauten: »Ich bin liebenswert, so wie ich bin. Ich akzeptiere alle Sonnen- und auch Schattenseiten und nehme mich genauso an, wie ich jetzt bin.«

Würde ich mir einfach nur jemanden wünschen, der mich liebt, ohne jedoch mich selbst anzunehmen, würde ich auch die mir entgegengebrachte Liebe nicht annehmen können. Erst durch die innere Bereitschaft kann ich all das zulassen, was ich brauche. Ich muss dann gar nicht mehr suchen, ich werde gefunden. Denn mit der richtigen Bereitschaft findet das, was wir wirklich brauchen, uns.

Sehr hilfreich sind die folgenden Affirmationen:

- »Ich bin einzigartig und schön und komme meiner Liebe zu mir selbst jeden Tag näher.«
- »Durch meine Liebe zu mir selbst ziehe ich den Menschen an, der mich mit den gleichen Augen betrachtet wie ich mich. Ich bin offen und bereit, die Liebe zu mir selbst sowie die Liebe eines anderen Menschen zuzulassen. Ich gebe meinen Hindernissen und Blockaden keine weitere Kraft und die Liebe in mir kann frei fließen. Ich bin offen und bereit, damit die Liebe in meinem Leben in Erscheinung tritt.«

Diese Affirmationen findest du als Audio-Datei in unserer EW-3.0 APP.
Trotzdem gibt es einige Wünsche, die überhaupt nicht funktionieren.

Man kann sich nicht über jemand anderen etwas wünschen.

Wünsche dürfen zum Beispiel andere Personen nicht zwingen, etwas gegen ihren Willen zu tun. Wir können sie also nicht veranlassen, sich in uns zu verlieben. Oder etwas ganz Bestimmtes für uns zu tun.

Der freie Wille steht über allem,
auch über jedem Wunsch.

Das ist auch ganz gut so, denn sonst könnte sich doch jeder etwas von uns wünschen und wir müssten plötzlich Handlungen ausführen, die uns gar nicht gefallen.
Wie finde ich aber dann die Person, die mich liebt?
Durch *Erfolgreich Wünschen* bekomme ich jedenfalls nicht eine bestimmte, von mir ausgesuchte Person, die sich mein Verstand einbildet, dazu, sich an mich zu binden. Wenn ich jedoch durch mein Wünschen einen Menschen in mein Leben einlade, der genau meine Schwingung besitzen und natürlich meine Liebe erwidern soll, erhalte ich mit Sicherheit den Partner, der mir ebenbürtig ist und zu mir passt.

Den richtigen Partner bestellen

In meinen Vorträgen über glückliche Partnerschaften bekomme ich immer wieder die gleiche Frage gestellt: »Wie schaffe ich es, den richtigen Partner kennenzulernen und in mein Leben zu ziehen?«
Im Grunde ist dies ganz einfach. Im Grunde ist es so einfach, dass es für die meisten von uns wieder so unglaublich schwierig ist. Wir müssen nämlich genau genommen viel weniger unternehmen als wir denken. Wir müssen einfach nur aufhören, so hektisch und panisch

zu suchen. Denn gerade das panische und hektische Suchen zeigt nur, dass wir der ganzen Sache nicht wirklich trauen. Tief in unserem Inneren sind wir dann meistens davon überzeugt, dass wir niemanden mehr finden werden. Zumindest nicht den »Richtigen«. Suchen ist das Gegenteil von Finden. Um zu finden, müssen wir nur unsere Augen und Herzen öffnen und aufnahmebereit sein.

Erfolgreich Wünschen bedeutet bereit zu sein, all die Wunder in unserem Leben zuzulassen.

Das Suchen jedenfalls verhindert das Zulassen. Solange wir suchen, sind wir an ein ganz bestimmtes Objekt oder Ziel gebunden. An eine Projektion, die wir in unserem begrenzten Bewusstsein entwerfen und nach der wir unaufhörlich Ausschau halten. In unserer Vorstellung wird es immer jemand sein, der keine Fehler hat. Natürlich, es ist ja eine reine Wunschvorstellung, ohne Makel und Schattenseiten. So etwas gibt es aber nicht. So etwas gibt es nur in unserer Fantasie, die wir jederzeit ein- und ausschalten oder nach unserer Vorstellung abändern können.
Wir suchen aber einen Menschen, der zu uns passt. Also wird er ganz ähnliche Schattenseiten haben wie wir selbst. Genau genommen suchen wir auch nach uns selbst, denn schließlich wollen wir uns in unserem geliebten Partner widerspiegeln. Er soll uns ähnlich sein. Er soll sich mit uns entwickeln und die Welt mit ähnlichen Augen betrachten. Er soll über die wesentlichsten Dinge ähnlich denken wie wir. Über Treue, Familie, Liebe, Gott und die Art der Lebensbewältigung.
Unsere Fantasie hilft uns hier also nicht weiter. Auch nicht das unentwegte Suchen, mit dem wir die wahre Liebe eher verhindern, als sie zu erfahren.

Bevor wir einen so schwerwiegenden Wunsch losschicken, sollten wir uns im Klaren darüber sein, was wir wirklich haben wollen.
Um es noch einmal klarzustellen, die Bestellung an sich ist nicht schwer, aber sie bringt für unser Leben einiges an Konsequenzen mit sich. Sie ist also sehr bedeutsam für uns.
Und trotzdem, obwohl es solch eine Bedeutung hat, machen wir uns oft gar keine wirkliche Vorstellung davon, wie unser Wunsch nach dem »richtigen« Partner aussehen soll. Obwohl wir denken, wir wüssten Bescheid, haben wir gar keine Ahnung, welcher Partner uns auch wirklich guttut. Wir wollen auch gar nicht lange darüber nachdenken, wir wollen ihn einfach haben. Oft steht dahinter aber ein ganz anderer Wunsch: Wir wollen nicht mehr alleine sein.
Bevor wir also unsere Bestellung aufgeben, sollten wir uns klar darüber sein, welchen Partner wir wirklich in unserem Leben an unserer Seite haben wollen. Dabei hilft die Liste, die ich in meinem Buch »Glücksregeln für die Liebe« eingehend beschrieben habe, hier gebe ich nur eine kurze Zusammenfassung. Mit dieser Liste wird uns ziemlich schnell klar, was wir von einer Partnerschaft erwarten, was wir bereit sind selber einzubringen und welcher Partner dementsprechend am besten zu uns passt. In unseren Seminaren arbeiten wir sehr oft mit dieser Liste. Sie ist schnell, effektiv und bringt erstaunliche Klarheit.
Wollen wir also den »richtigen« Partner, muss uns zuerst einmal klar sein, wonach der Kosmos für uns suchen soll. Auf diese Weise ist auch die Liste entstanden. Ich habe sie entwickelt, als ich selbst nach vielen Wirrungen und Irrungen und unzähligen Fehlversuchen endlich die richtige Partnerin für mein künftiges Leben haben wollte. Ich hatte mich damals für eine Weile zurückgezogen, um herauszufinden, welche Partnerin denn nun wirklich zu mir passt.
Um darüber Klarheit zu erhalten, habe ich an verschiedenen Hilfsmitteln und Möglichkeiten gebastelt und bin dabei immer nur der

Frage nachgegangen »Wie kann ich am besten erkennen, wer wirklich zu mir passt?«
Da kam ich auf die Idee, eine Liste zu erstellen. Kurz beschrieben tat ich Folgendes:

Übungsbeschreibung

- Auf einem großen Blatt Papier machte ich zwei Spalten. In die erste Spalte schrieb ich, was ich mir alles von meiner künftigen Partnerschaft erhoffte. Diese Spalte war recht rasch ausgefüllt und ziemlich umfangreich. All meine Wünsche und Sehnsüchte kamen dort hinein.
- In die zweite Spalte schrieb ich, was ich bereit war, selbst alles einzubringen. Und siehe da, der Inhalt dieser Spalte war schon wesentlich kürzer.
- Was ich aber in eine Beziehung nicht selbst einbringen kann, werde ich dort auch nicht vorfinden. Also suchte ich doch ganz offensichtlich nach einem Partner, mit dem ich all das Fehlende gemeinsam entwickeln konnte.

Wer Genaueres über diese Arbeit erfahren möchte, der lese bitte im Buch »Glücksregeln für die Liebe« nach. Dort habe ich alles ausführlich beschrieben.

- Als mir nun immer klarer wurde, wie mein künftiger Partner sein sollte, schrieb ich alles auf ein eigenes Blatt Papier und legte es auf einen würdevollen Platz.

Auf welch wundersame Weise dieser Wunsch in Erfüllung gegangen ist, erstaunt mich heute noch.

Wie ich die richtige Partnerin in mein Leben zog

Ich habe mir meinen Partnerwunsch jedenfalls einige Wochen sehr genau überlegt und anhand meiner Liste erarbeitet. Erst als ich mir wirklich absolut sicher war, welche Partnerin am besten zu mir passt, habe ich meine Wunschliste dem Universum übergeben.
Denn eines war mir klar: Mein Wunsch wird erfüllt werden.
Aber genau genommen machte ich es dem Universum beim Erfüllen meines Wunsches nicht wirklich leicht, denn zu dieser Zeit hatte ich mich komplett zurückgezogen und blieb für mehrere Monate fast ausschließlich nur in meiner Wohnung. Bis auf zwei Stunden am Abend, in denen ich am Theater am Kurfürstendamm auf der Bühne stand, und ein einziges gemeinsames Essen in größerem Rahmen, zu dem mich die Kollegen sanft gezwungen hatten, da sie meinten, das ständige Alleinsein in meiner Wohnung täte mir nicht gut, blieb ich in meiner Einsamkeit.
Wie sollte das Universum da meinen Wunsch ausführen?

Ein paar Wochen später läutete das Telefon. Am Apparat war eine Frau, mit der ich einige Wochen vorher bei diesem Abendessen gesprochen hatte. Ich konnte mich aber nicht mehr genau an sie erinnern. Ich wusste nur noch, dass sie blond war, schlank und eine dicke Brille trug. Aber wir verstanden uns auf Anhieb so gut, dass wir vier Stunden telefonierten und am folgenden Tag weitere sieben Stunden. Und da wir uns nicht sehen konnten, sie spielte in Bremen Theater und ich stand in Berlin auf der Bühne, telefonierten wir am darauf folgenden Tag erneut sieben Stunden. Es gab ein so tiefes Verständnis in so vielen Dingen, dass wir in der nächsten Nacht, nach weiteren acht Stunden am Telefon, vereinbarten, gemeinsam in Urlaub zu fahren. Das verbindende Gefühl war so intensiv, dass wir am nächsten Tag sogar telefonisch beschlossen zusammenzuziehen, und Michaela, zu wahrer Hingabe fähig, kündigte sofort ihren Job

und ihre Wohnung. Einen Tag später beschlossen wir, ohne uns wirklich gesehen zu haben, zu heiraten.
Aber hatten wir uns wirklich nicht gesehen? Vielleicht nicht körperlich, aber seelisch kannten wir jeden Millimeter voneinander. Wir hatten uns alles erzählt. Es gab keine Geheimnisse. Selbst Dinge, die wir noch niemals jemand anderem anvertraut hatten, wussten wir voneinander. Wir hatten uns gezeigt. Wir hatten unseren emotionalen »Bauchladen« aufgemacht und ohne Vorbehalte unsere Seele offenbart. Wir wussten beide, dass wir zusammengehörten.
Alle meine Freunde hielten mich für komplett verrückt. Sie dachten, ich sei nun völlig umnachtet. Sie versuchten mich umzustimmen. »Du weißt doch gar nicht, wie sie riecht, wie sie schmeckt und ob ihr überhaupt körperlich klarkommt.«
Aber ich wusste, wenn ich der Möglichkeit, meine wahre große Liebe zu leben, keine Chance gebe, werde ich mein ganzes Leben dieser Möglichkeit nachtrauern. Immer dann, wenn es woanders nicht so gut laufen sollte, würde ich an diese einzigartige Chance denken. An mein Scheitern und meinen Wankelmut.
Auf der anderen Seite, welches Risiko ging ich denn schon ein? Sollten Michaela und ich uns wirklich körperlich nicht verstehen, dann hatten wir die Chance, die besten Freunde zu werden. Denn seelisch waren wir bereits Verbündete.
Sie dachte wie ich, sie sah die Welt mit den gleichen Augen, sie hatte die gleichen Sehnsüchte und Hoffnungen und war ebenso bereit, an sich zu arbeiten, wie ich, damit all die Mängel in der eigenen Persönlichkeit gemeinsam aufgelöst werden konnten.
Und als ich sechs Wochen später, nach vielen weiteren langen Telefonaten, vor ihrer Wohnung mit einem Umzugswagen auftauchte und sie zum ersten Mal so richtig sah, war ich überglücklich. Das Erste, was ich dachte, war: Schwein gehabt. Michaela war die wunderschönste Frau, die ich mir überhaupt vorstellen konnte.

Das Erstaunlichste aber war, dass, als ich später wieder meine Liste hervorholte und mir meine Bestellung ansah, Michaela in jedem Detail exakt dieser Liste entsprach.

Natürlich bekommen wir auch immer noch ein paar Zugaben, Dinge und Eigenschaften, die wir auf unserem Wunschzettel nicht formuliert haben. Wir können schließlich nicht an alles denken. Aber all das, was auf meinem Zettel stand, ging in Erfüllung.

Zufall? Wer das noch immer glaubt, der soll sein Leben ruhig weiterhin dem Zufall überlassen und sich abmühen. Wesentlich einfacher ist es jedoch, *erfolgreich zu wünschen* und sein Leben selbst zu bestimmen.

Wie an meinem Beispiel gut zu sehen ist, sollte man aber nicht eine bestimmte Art und Weise erwarten, wie die Lieferung geschehen soll. Es geht nur darum, bereit zu sein. Unser neuer Partner kann uns über den Haufen rennen, einen Unfall verursachen oder uns verklagen. Wer sagt, dass die erste Begegnung positiv sein muss? Er wird auf jeden Fall all unsere Aufmerksamkeit auf sich ziehen.

Viele glückliche Ehen begannen damit, dass man sich nicht ausstehen konnte, aber seltsamerweise sich auch nicht gleichgültig war. Natürlich kann es genauso gut vollkommen romantisch ablaufen und beide wissen von der ersten Sekunde an, dass dies der Partner bzw. die Partnerin fürs Leben ist.

Wichtig ist einfach nur, keine festgefahrene Meinung und Vorstellung darüber zu haben, wie es ablaufen muss. Sonst könnte das Universum gerade liefern und man bekommt die Lieferung wegen innerer Abwesenheit gar nicht mit.

Oft werde ich gefragt, ob Michaela zur gleichen Zeit ebenso Wünsche für den richtigen Partner in den Äther geschickt hat.

Nein, hat sie nicht. Aber sie war offen und bereit, sich einzulassen.

Natürlich hätte sie auch nein sagen können, aber dann wäre es ja wohl eine seltsame Lieferung meines Wunsches gewesen. »Hier wäre die wundervollste Frau, die genau zu dir passt, aber sie will dich gar nicht.«

Nun, so jedenfalls antwortet das Universum nicht. Michaela war bereit und offen, und ich habe nach der idealen Partnerin gesucht, die natürlich bereit und offen für eine Liebesbeziehung sein sollte.

Im Übrigen darf man wirklich alles schreiben, was einem in den Sinn kommt. Auch Aussehen und Figur und Charaktereigenschaften. Allerdings ist dies noch keine Garantie dafür, dass man mit diesem Partner auch glücklich wird, denn vielleicht überfordert man sich selbst mit seinen Wünschen.

Stellen wir uns beispielsweise vor, der Partner soll athletisch und sportlich sein und supergut aussehen. Dann sollten wir davon ausgehen, dass dieser künftige Partner auch gerne sportliche Aktivitäten mag und diese auch mit uns ausüben möchte. Will man das wirklich? Oder man wünscht sich eine Partnerin, die im Bett eine Rakete ist und immer Lust hat. Der Traum aller Männer. Aber wenn es Wirklichkeit wird, kann es schnell zum Albtraum werden. Was ist, wenn man nach einem Monat nicht mehr so oft will wie sie oder mit dem Tempo nicht mehr mitkommt oder irgendwann auch andere Interessen hat? Oder wenn man befürchten muss, verlassen zu werden, wenn man es im Bett nicht mehr bringt? Oder man Angst bekommt, nicht zu genügen?

Sollte man sich einen Partner wünschen, der wunderschön ist, sich selbst aber als weniger ansehnlich empfindet, dann kann es schnell zu Minderwertigkeitsgefühlen kommen.

Nur aus dem derzeitigen Mangel heraus Wünsche zu formulieren, kann also auch ziemlich unangenehm werden. Der Wunsch erfüllt sich. Ob er auch zu unserem Besten ist, ist jedoch nicht gewährleistet. Man sollte sich deshalb besonders bei Partnerwünschen sehr genau überlegen, welchen Partner man anziehen möchte.

Wird das Leben glücklicher?

Wird man durch *Erfolgreiches Wünschen* glücklicher?
Ja, auf jeden Fall, aber vielleicht anders als gedacht.
Glück ist eine innere Haltung und hat nur wenig mit dem real erlebten Äußeren zu tun. Sind wir ohne Geld oder Partner nicht glücklich, sind wir es auch nicht mit ihnen. Schließlich kennt wohl jeder von uns Menschen, die Geld und Partner oder Berühmtheit erlangt haben und dennoch ewig unzufrieden oder unglücklich sind.
Wollen wir wahres Glück erfahren, werden wir es nicht durch äußere Einflüsse erhalten.
Glück entsteht nämlich immer von innen heraus. Glück erfahren wir, wenn wir Glück aussenden. Dabei spielt es keine Rolle, ob wir eine Villa bewohnen oder eine kleine Wohnung. In beiden können wir ebenso glücklich wie auch unglücklich sein.
Glück entsteht aus einer inneren Gelassenheit heraus. Glück entsteht immer dann, wenn wir mit anderen teilen wollen.
Glück ist ein Zustand, in dem wir uns befinden, mit oder ohne Partner, mit oder ohne Geld, mit oder ohne Haus und Ansehen. Viele aber glauben, sie könnten nur glücklich sein, wenn sie etwas Bestimmtes besitzen. Und genau dieses Wörtchen »wenn« lässt uns nicht glücklich sein. Und zwar niemals. Wir wollen uns gar nicht damit auseinandersetzen, warum wir gerade da sind, wo wir sind, wir wollen einfach nur raus. Nachdem aber bestimmte Umstände, und zwar unsere unbewussten Wünsche und Glaubenssätze, uns die Situation beschert haben, die wir nicht annehmen wollen, werden wir auch bei veränderten äußeren Einflüssen ganz ähnlich empfinden und handeln.

Wir nehmen uns selbst immer mit.

Auch ins vermeintliche Glück, das natürlich immer woanders liegt als dort, wo wir uns befinden. Und deswegen werden wir auch im erhofften Glück unglücklich sein. Immer wird etwas in unserem Leben fehlen, um wahres Glück zu erleben.
Vor vielen Jahren hatte ich scheinbar alles. Geld, Ansehen, beruflichen Erfolg, Frauen und Gesundheit. Und trotzdem war ich nicht glücklich. Ich fühlte mich leer und getrieben. Noch immer war ich überzeugt, dass es allen anderen besser ginge als mir. Ich war überzeugt, dass ich noch mehr bekommen müsste, um dem Glück näher zu kommen. Ich müsste also noch erfolgreicher werden, noch mehr Besitz anhäufen, noch mehr Frauen ins Bett bekommen, dann würde sich das Gefühl von tiefem Glück schon einstellen. Und genau dieser Glaube ließ mich nicht glücklich sein. Genau dieser Glaube an meinen Mangel ließ mich den Mangel erst spüren. Ohne es zu wissen, verlagerte ich mein Glücklichsein in die Zukunft. Der Glaube an den Mangel übertönte alle anderen Wünsche. Ich glaubte so sehr an diesen Mangel, der mich scheinbar am Glücklichsein hinderte, dass selbst, als sich die ersten Wünsche realisierten, sie für mich nicht die richtigen waren oder viel zu spät kamen. Aus diesem Grund konnte nichts, aber auch gar nichts, was an Bestellungen geliefert wurde, mit Freude und Dankbarkeit angenommen werden, denn gleichzeitig war ich überzeugt, dass andere den wesentlich besseren Wunsch erfüllt bekommen hatten.
Ich war auf der Suche nach dem Glück, doch je mehr ich es im Außen suchte, desto mehr verlor ich es aus den Augen. Mein unbewusster Wunsch lautete damals: »Ich bin nicht glücklich. Mein Glück liegt in der Zukunft. Ich brauche noch mehr, um glücklich zu sein.« Damit bestellte ich ganz konkret: »Niemals in der Gegenwart Glück zu empfinden.« Meine Grundhaltung war Unglücklichsein. Und daran konnte auch die Erfüllung einiger beziehungsweise vieler Wünsche nichts ändern.

Erst als ich aufgab und von der getriebenen Vorstellung losließ, durch andere glücklich zu werden, begann ich tiefe Zufriedenheit und Liebe zu finden.
Letztendlich stand hinter meiner Suche immer nur eins: Ich sehnte mich nach Liebe und Geborgenheit, und da ich sie nicht hatte, hoffte ich, sie durch äußere Einflüsse zu erhalten.
Aber wenn wir die Liebe und Geborgenheit nicht in uns spüren, kann kein Mensch dieser Erde sie uns geben.
Das bedeutet, so leid es mir tut, die Erfüllung aller Wünsche ändert nichts an unserer Einstellung zum Glück. Wenn wir jetzt nicht glücklich sind, werden wir es auch nicht durch Einflüsse von außen werden. Selbst wenn wir das manchmal glauben. Das Glück, das wir dann erfahren, ist nur von kurzer Dauer, weil es nicht unserer gelebten Tiefe entspricht.

Hat »Erfolgreich Wünschen« mich glücklicher gemacht?

Ja, unbedingt! Weniger weil sich alle Wünsche in meinem Leben nun erfüllen, sondern weil ich bewusster mit meinem Leben umgehe und mich meiner inneren Führung anvertraue.
Bereits die Tatsache, dass ich immer wieder erfahren darf, dass sich meine Wünsche realisieren, wenn ich es möchte, lässt mich wissen, dass ich mich hier auf Erden nicht alleine abstrampeln muss. Selbst in den stillsten und einsamsten Momenten bin ich erfüllt und glücklich. Ob völlig zurückgezogen oder beim Bad in der Menge, ich bin verbunden. Und voller Dankbarkeit.

Mit dem Universum zu arbeiten
ist wesentlich einfacher,
als sich alleine abzustrampeln.

Erfolgreich Wünschen veränderte meine ganze Welt. Mein Erleben, meine Betrachtungsweise, meine Wahrnehmung, meine Partnerschaft und meine Liebe zu mir selbst.
Jeden Tag komme ich mir selbst näher. *Erfolgreich Wünschen* hat mir dabei geholfen. Mit jedem weiteren Wunsch, der mir erfüllt wurde, erkannte ich, welche Dinge in meinem Leben wirklich bedeutsam waren. Wenn wir alles erreichen können, wenn wir alles haben können, beginnen wir die wirklichen Wünsche genauer zu untersuchen. Letztendlich ist es immer nur die Liebe, die wir suchen. Letztendlich ist es immer nur die Liebe, die uns glücklich macht. Die Liebe zu uns selbst. Und zu anderen.
Das Beste jedoch ist, dass das Leben seit dem Erscheinen der *Erfolgreich Wünschen* Bücher für Tausende von Menschen erfüllter, beseelter, wundervoller und großartiger geworden ist. Unzählige Menschen haben seitdem den Sinn ihres Lebens entdeckt, ihr Leben erfolgreicher gestaltet, lang ersehnte Wünsche verwirklicht und selbst Unmögliches möglich werden lassen.
Auf meiner Webseite www.pierre-franckh.de kannst du viele solcher Geschichten lesen.
Und so danke ich voller Freude und Demut dem Schicksal, der höheren Führung, vielleicht auch einer göttlichen Ordnung, dass ich dabei mitwirken darf, die Welt für viele Menschen schöner zu gestalten.
Es gibt kein größeres Geschenk. Und so habe auch ich den Sinn meines Lebens gefunden.
Danke dafür.

Über den Autor

Pierre Franckh gehört mit einer Gesamtauflage von über 3 Millionen Büchern, CDs, DVDs und Kalendern zu den erfolgreichsten deutschen Autoren. Seine Bücher sind in 22 Ländern erschienen. Pierre Franckh hält Vorträge auf der ganzen Welt und gibt Seminare vor ausverkauften Häusern. Als Mentaltrainer und Motivationscoach ist er in der Wirtschaft tätig, ebenso als Ausbilder für viele Ärzte, Kinesiologen und Heilpraktiker. Nach seinen Regeln und Anweisungen haben Tausende von Menschen ihr Leben verändert.

Weitere Infos unter: www.pierre-franckh.de

Resonanz TV

Sei schlau, schau: www.Resonanz-TV.de

Resonanz TV ist eine Fernsehstation im Internet.
Mit 24 Stunden Online-Zugang zu allen Filmen,
Dokumentationen & Berichten in HD-Qualität.

Deutschlands Top-Coaches Pierre Franckh und Michaela Merten haben Resonanz TV als Web.TV-Sender initiiert und widmen sich in über 500 Filmbeiträgen von ausgesuchten Filmemachern und Experten den wichtigen Themen der neuen Zeit.

Resonanz TV – ein Impulsgeber in Richtung Zukunft.
Eine Zukunft, geprägt von Individualität und Nachhaltigkeit.

Um diese Vision zu ermöglichen, wird www.Resonanz.TV.de von Abonnenten getragen, die mit einem Beitrag von 12 Euro/Monat oder 99 Euro pro Jahr unsere Arbeit unterstützen und möglich machen.

Resonanz TV ist: Informativ, am Puls der Zeit, spannend, neugierig, wissensdurstig, interessant, wach, aufregend.

Resonanz TV bringt: Neue Themen, berührende Geschichten, bewegende Momente, faszinierende Neuigkeiten, neues Bewusstsein, Impulse für ein bewusstes Leben.

Resonanz TV ist für dich!
www.Resonanz-TV.de

Bei uns bist du zu Hause – Happiness House

Glück ist, sich mit Gleichgesinnten auszutauschen und gemeinsam zu wachsen.
Willst du mit uns gemeinsam lernen, wachsen und deine Herzenswünsche leben?
Dann sei ein Teil unserer großartigen Coaching-Community.
Willst du dich persönlich weiterentwickeln? Willst du mehr erreichen, dein volles Potenzial entfalten – auf allen Ebenen deines Lebens? Gemütlich bei dir daheim, bezahlbar, effektiv und mit viel Spaß?
Dann bist du bei uns richtig.

Individuelles Coaching, in deinem Tempo, wann auch immer du Zeit hast und wo auch immer du bist – soll dieser Luxus nur den anderen vorbehalten sein?
Jetzt ist deine Zeit! Jetzt geht es um dich – ganz persönlich.
Wir sind für dich da – und nutze auch die Kraft der Gruppe, den Austausch mit Gleichgesinnten und hol dir wertvolle Tipps von uns und weiteren Experten.

Happiness House Jahreskurs

- Wir begleiten dich 365 Tage lang. Wo auch immer du bist – wir sind für dich da – weltweit.
- Du bekommst ein ganzes Jahr Unterstützung von uns.
- Erhalte Motivation, Ideen und Impulse, um dein Leben glücklicher und erfolgreicher zu gestalten.
- Überrasche dich selbst mit dem, was in dir steckt.

Happiness House Community

- Erlebe die Kraft der Gruppe! Hier bekommst du deine persönlichen Berater.
- Tausche dich mit Gleichgesinnten aus und erlebe, wie es ist, gemeinsam mit ihnen zu wachsen.
- Bilde dein Dream-Team, das genau auf deine Bedürfnisse zugeschnitten ist.
- Finde das, wonach du dich sehnst: berufliche Perspektiven, Erfolgscoaching oder deinen Lebenspartner.

Happiness House Academy

- Hol dir wertvolles Wissen von unseren Top-Experten.
- Sei in direktem Kontakt mit ihnen – kommuniziere, stelle Fragen.
- Hol dir praxisnahe Unterstützung in jedem Lebensbereich.
- Bekomme Antworten, die du dauerhaft in deinen Alltag einbauen kannst.

Happiness House Live

- Nimm teil an unseren Live-Webinaren, Seminaren und Events und den lebensverändernden Kursen.
- Wir sind für dich da. Für all deine Fragen.
- Wir begleiten dich und helfen dir dranzubleiben, damit sich alle deine Wünsche erfüllen können.
- Spüre die positive Kraft, die das gemeinsame Erleben erschafft.

Wir freuen uns sehr auf dich.
www.Happiness-House.de

Was motiviert dich?
Ich freue mich über jeden Impuls oder eine Erfolgsgeschichte von dir. Wenn du magst, kannst du mir sehr gerne deine Wunschgeschichte, deine persönlichen Erlebnisberichte oder Motivationstipps mailen: info@pierrefranckh.de

Wer meinen 14-tägigen Newsletter beziehen möchte, kann sich auf meiner Homepage eintragen oder mir eine kurze Mail schicken. Der Newsletter ist natürlich kostenlos und kann jederzeit wieder abbestellt werden.
www.pierrefranckh.de

Wochenendseminare
Im Laufe des Lebens stellen wir uns öfters dieselben Fragen:

- Wie nutze ich meine mentale Kraft richtig?
- Wie lernt man, erfolgreich zu sein?
- Wie verleihe ich meinen Sehnsüchten Kraft?
- Wie erkenne ich meine unbewussten Gedanken?
- Was torpediert meine Ziele, und was kann ich daran ändern? Wie werde ich meine Zweifel los?
- Wie kann ich meine Glaubensmuster verändern?
- Wie räume ich den inneren Weg frei, um mein Potenzial zuzulassen?
- Wie schaffe ich es, mich zu verwirklichen?
- Wie kann ich mein Leben so gestalten, dass ich glücklich bin?
- Wie kann ich meine Beziehung harmonischer gestalten?
- Wie verwirkliche ich meine Ziele in Beruf und Partnerschaft?

Im Seminar kann ich auf persönliche Fragen und Anliegen näher eingehen, einen tieferen Einblick in Verhaltensweisen vermitteln und

Möglichkeiten aufzeigen, wie du aus dem Kreislauf der einengenden Muster aussteigen und eine neue Lebensqualität gewinnen kannst.

Wenn wir einmal die mentale Kraft und damit die persönliche Macht gespürt haben, Dinge in unserem Leben nach unserem Willen zu verändern, erhalten wir nicht nur unser Selbstwertgefühl zurück, sondern auch das Gefühl, ein glücklicher Mensch zu sein. Wenn wir beginnen, unsere Ziele erfolgreich umzusetzen, fühlen wir uns als aktiver Teil der Welt, die wir nach unseren Wünschen gestalten. Wir gehen raus aus der ohnmächtigen Abhängigkeit von anderen und gehen bewusst hinein in die Eigenständigkeit.

Die 6-Minuten-Übungen können unsere Sichtweise nachhaltig verändern, unser Erleben, unsere Wahrnehmung, unsere Partnerschaft und die Liebe zu uns selbst.

Die Termine für die Seminarreihen: Erfinde dich neu, Beruf & Berufung, Liebe & Partnerschaft, Ziele definieren & Visionen leben etc. findest du auf: www.pierre-franckh.de

Coach-Ausbildung
Die Ausbildung zum Coach mit Pierre Franckh und Michaela Merten richtet sich an alle, die planen, als Coach zu arbeiten, beziehungsweise beabsichtigen, dieses Training in ihr bisheriges Beratungsangebot zu integrieren.

Coaching ist eine spannende und herausfordernde Arbeit. Du kannst Menschen in ihrer beruflichen und persönlichen Entwicklung unterstützen und zugleich an deren Veränderungen teilhaben.
In der Coach-Ausbildung und in der späteren Arbeit wirst auch du dich verändern und weiterentwickeln. Denn: Nur wer selbst einen

Coaching-Prozess durchlaufen und sich dabei weiterentwickelt hat, kann erfolgreich andere coachen.

Mit dieser umfassenden Ausbildung erhältst du genau das Handwerkszeug, um Menschen umfassend zu unterstützen.
Alle Informationen erhältst du hier: www.pierre-franckh.de

Wenn du Fragen hast, kannst du gerne auch Michaela eine Mail schicken: michaelamerten@web.de

Die Erfolgreich Wünschen 3.0 App zum Buch

Bestätigt die Hirnforschung *Erfolgreich Wünschen*?

In der App findest du Tipps, News aus der Hirnforschung und Meditationen, um *Erfolgreich Wünschen* erfolgreich in deinem Alltag umsetzen zu können.

Die EW-3.0 App unterstützt dich dabei, ein Leben zu führen, in dem deine Herzenswünsche wahr werden können.
Beim Öffnen der App begrüßt dich eine Tageskarte, die dir einen Impuls für den heutigen Tag liefert.

Die 7 Wunschregeln sind in kompakter Form für deinen mobilen Alltag dargestellt und um praktische Übungen ergänzt.
Du bekommst die vier erfolgreichsten EW-3.0 Meditationen, gesprochen von: Pierre Franckh und Michaela Merten.
Im Wunsch-Tagebuch kannst du dir zu den Übungen Notizen machen sowie Wünsche, Glücksgefühle und deine Dankbarkeit aufschreiben. Wenn du einige Wochen später auf deine Wünsche zurückblickst, wirst du feststellen, wie diese bereits dein Leben verändert haben.

In der App erwarten dich:

- Tägliche Inspirationen mit den EW-Karten
- Die 7 Wunschregeln für unterwegs
- Übungen zu den Wunschregeln
- Tagebuch für deine täglichen Übungen, Wünsche und Dankbarkeit

Lade dir die App noch heute herunter und lass dich von der App bei der Materialisation deiner Wünsche begleiten.
Weitere Infos zu Büchern, DVDs, CDs und Seminaren : www.pierre-franckh.de
Werde ein Teil der Community: www.Happiness-House.de
Und schau dir inspirierende Filme an: www.Resonanz-TV.de
Du findest die App unter dem Namen »Erfolgreich Wünschen 3.0« im App Store oder im Google Play Store.

Download on the App Store

JETZT BEI Google Play

Pierre Franckh
Das Gesetz der Resonanz

gebunden, 240 Seiten
€ 14,95
ISBN 978-3-86728-066-2

Sie sehnen sich nach vielen glückerfüllten Momenten, die Ihnen bisher unerreichbar schienen. Sie möchten Anteil haben am unendlichen Reichtum des Universums und im Einklang mit ihm sein. Jetzt ist die Zeit gekommen, eines der wahren, weisen Geheimnisse des Lebens zu ergründen: Sie können nur das in Ihr Leben ziehen, womit Sie sich in Resonanz befinden – also jenes, das auf der gleichen energetischen Ebene schwingt wie Sie selbst. Jeder Ihrer »gefühlten Gedanken« wird auf der materiellen Ebene sinnlich erfahrbar: jene, die Schönheit und Fülle verheißen, ebenso wie die als dunkel und negativ empfundenen. Ausnahmslos. Das Gesetz der Resonanz wirkt überall und in jedem Moment.
Anhand vieler Übungen und erfolgreicher Geschichten von Lesern zeigt Pierre Franckh, wie Sie sich effektiv und geradezu spielerisch in energetische Übereinstimmung mit Ihren Herzenswünschen bringen.

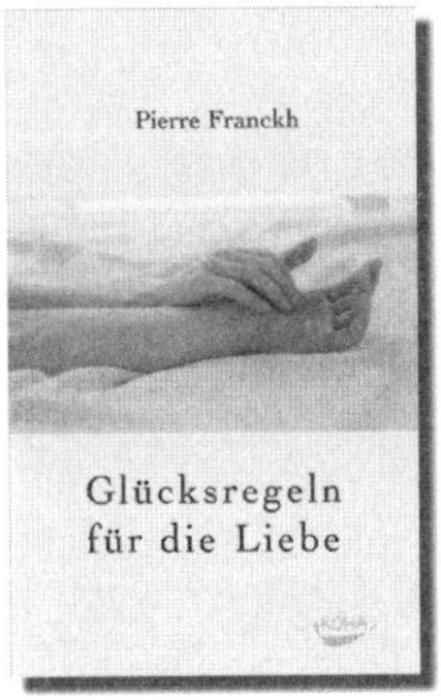

Pierre Franckh
Glücksregeln für die Liebe

gebunden, 192 Seiten
€ 12,95
ISBN 978-3-936862-50-8

Nicht nötig, länger einsam zu sein – mit den Tipps aus diesem Ratgeber findet wirklich jeder den ersehnten Seelenpartner! Pierre Franckhs Glücksregeln sind so einfach wie effektiv. Dabei werden eigene Wünsche erarbeitet, »Liebes-Irrtümer« ausgeräumt und das Selbstbewusstsein gestärkt. Ein feinfühliger Wegweiser zur Traumbeziehung.